行动经管工具书
Action Business Publishing

Big Marketing
Management and
Control

大营销管控

持续做大做强的科学管控体系

陈 军／著

电子工业出版社
Publishing House of Electronics Industry
北京·**BEIJING**

未经许可，不得以任何方式复制或抄袭本书之部分或全部内容。

版权所有，侵权必究。

图书在版编目（CIP）数据

大营销管控：持续做大做强的科学管控体系 / 陈军著 . —北京：电子工业出版社，2018.11

ISBN 978-7-121-35224-9

Ⅰ . ①大… Ⅱ . ①陈… Ⅲ . ①企业管理 Ⅳ . ① F272

中国版本图书馆 CIP 数据核字 (2018) 第 238866 号

策划编辑：刘露明
印　　刷：北京盛通数码印刷有限公司
装　　订：北京盛通数码印刷有限公司
出版发行：电子工业出版社
　　　　　北京市海淀区万寿路 173 信箱　邮编 100036
开　　本：880×1230　1/32　印张：7.625　字数：159 千字
版　　次：2018 年 11 月第 1 版
印　　次：2025 年 1 月第 18 次印刷
定　　价：69.00 元

凡所购买电子工业出版社图书有缺损问题，请向购买书店调换。若书店售缺，请与本社发行部联系，联系及邮购电话：（010）88254888，88258888。

质量投诉请发邮件至 zlts@phei.com.cn，盗版侵权举报请发邮件至 dbqq@phei.com.cn。

本书咨询联系方式：（010）88254199，sjb@phei.com.cn。

推荐序二
做好营销管控的渴望

营销是每个企业都绕不开的课题。做好营销、管理好营销，我相信不仅是每个企业想要的，更是每个企业渴望的。

第一次和陈军老师见面，是 2017 年 12 月 27 日上午 10 时，在行动教育的会议室里，他一下子就连问了我六个问题："你有完善的营销组织架构吗？你有营销人员的晋升通道吗？你有营销人员的薪酬体系吗？你有日常的营销管理体系吗？你有员工通关培训体系吗？你有对干部的考评体系吗？"

针对这六个问题，陈军老师让我一一回答。当时我就蒙了，说实在的，这些方面的问题我早就知道存在，但如何解决却困惑了我整整二十年。我心想难道这些问题你都能解决吗？

就这样我进入了陈军老师的"大营销管控方案辅导"课堂，成为陈军老师的一名忠实"粉丝"，并引进"大营销管控"咨询项目到我们企业深入落地，见证了"大营销管控"这套体系是多么适合我们当下的中小民营企业。它不但全面解决了我们上述的六个问题，而且效果得到了更好的延展。

我用十二个字来概括其优点：听得懂，看得见，摸得着，爽得很。

- 听得懂。没有太多的理论，全是实践中怎么干的实实在在的工作和流程。

- 看得见。让最基层一线的营销员能清楚知道自己下一步工作的方向。

- 摸得着。让每位营销员都实时清楚地知道自己的业绩，能及时调整自己工作中的偏差，产生不断巩固、检查、修正的自我完善模式。

- 爽得很。每位员工每天都充满着激情和斗志，带着一份"以极致服务惠及天下农业"的使命去服务每个客户，每天主动早起晚归，传统的考勤模式成了一种摆设。

陈军老师的《大营销管控》一书就要出版了。这本书除了对营销基础理论进行实践化和简单化，更提供了独特创新的工具，这些工具是陈军老师毕生营销实践与智慧的结晶。我作为一个实践者，可以用十二个字总结：简单，实效，公平，公正，操作性强。

相信陈军老师和《大营销管控》在今后的日子里会影响很多企业，使很多企业受益，助力中国企业走向世界！

上海祥霖农业技术有限公司 董事长

谢祥其

推荐序三

企业解决营销管控难题的良方

2016 年年初，三和国际集团作为科技印刷产业顾问式的系统服务商，应邀参加行动教育李践老师的"赢利模式"课程。课程内容非常契合三和国际集团当时所面临的情况，我们从中受到很多启发。正是因为李践老师的课程，我和陈军老师有缘相遇。

早在 2015 年，三和国际集团遭遇企业发展的瓶颈，像诸多企业普遍存在的情况一样，只重结果，不管过程；营销团队放羊式管理，难以管控。这些老大难问题严重阻碍着企业的健康发展，后果可想而知。

2016 年年初，陈军老师的"大营销管控"课程开课了。为了寻求治理企业营销管控难题的良方，三和国际集团参加了陈军老师的"大营销管控"课程。在课程中体会、了解到不少企业重销售、轻市场、无管控。

为了建立行之有效的市场、销售、客服三大职能体系，2016 年年中，三和国际集团正式引入"大营销管控"体系。4×5 过程管理、五星评定、通关培训和营销秘籍等工具方法的持续使用，从根本上彻底解决了我们营销管控的老大难问题。

陈军老师的"大营销管控"课程帮助三和国际集团实现了新的突破，企业员工万众一心，万马奔腾！我们的铁三角服务团队和顾问式的系统服务模式得到了客户的高度评价和信任。

喜闻《大营销管控》一书即将出版，陈军老师邀请我为本书作序，在此衷心地祝愿新书大卖，同时也祝愿各位企业家在"大营销管控"课程的帮助下获得成功！

三和国际集团 董事长

张华

在陈军老师的《大营销管控》一书与读者见面之际，我非常愿意为其作此推荐序。

这是我学习、运用过的最简单、最实用、最全面、最有效的市场营销管理指南。有志于全面提高营销管理水平、提升公司业绩的企业管理人员值得仔细研读，亲身实践。

陈军老师的《大营销管控》是实战派宝典，讲的是一套科学的管控体系，我把它理解为"1 个中心、2 个基本点、3 根支柱、4 块基石"，即 1234 模型。

"1"就是 1 个中心，就是如何进行公司定位，成为行业第一。

"2"就是 2 个基本点，也就是两大战略，即一手抓客户，建立终身客户战略；一手抓营销队伍建设，实施打造特种兵战略。

"3"就是 3 根支柱，也就是三大体系，即市场管控体系、销售管控体系和客户管控体系，在企业分别对应组建市场部、销售部和客服部。

"4"就是 4 块基石，也就是四大系统工具，即抓过程"4×5"，精机制"五星评定"，造铁军"通关培训"，明策略"三多策略"。

全书由 1 个中心、2 个基本点、3 根支柱、4 块基石构建起整座营销大厦。这是一本可真学、真用的实操手册，我深信这本书一定会在营销界产生积极的、深远的影响。

四川南格尔生物医学股份有限公司 董事长

刘仁明

前　言

营销，贯穿着一家企业存续的始终，是影响企业发展的重要命门。对于我来说，营销是我工作生涯非常重要的一部分，更是充满了激情与挑战的一部分。

二十多年营销实战

遥想 25 年前，那时的我刚从大学毕业，一心渴望激扬青春、奋力拼搏一番。因此，我主动放弃了去事业单位捧"铁饭碗"的机会，转身投入商海，成为雄风摩托集团的一名业务员。

在这二十多年中，我的职位从业务一线销售员晋升到营销副总裁；管理过的部门既有销售部、市场部，又有客服部；所在公司从雄风摩托、宅急送，到顺丰。无论境遇如何变化，我始终在营销的专业领域内亲身实践。在这个过程中，我经历了许多，领悟了许多，也收获了许多。

2013 年，我结缘行动教育，身份从实践者转变成授课者，开始了一边在课堂上与企业家互相碰撞交流，一边在课堂外深入各行各业辅导企业实践。

营销痛点

因为我有这样的特别经历，我接触到各个行业，也深入了解并辅导了多家企业。

在这个过程中，我发现，中国的企业家，尤其是民营企业家，普遍都非常勤奋，都可谓销售高手，为企业付出特别多，是企业的英雄，把企业经营得很不错。但是，他们对营销管控缺乏科学的认知，缺乏管理高度，缺乏战略思维。

我也看到很多企业的管理机制不科学，企业家不清楚怎么定目标，怎么建体系，怎么对过程进行管理。很多企业想要进一步发展，想要成为行业第一，但是缺乏有效的营销管控方法。甚至有些企业家从来没有意识到营销不是简单的卖货，而是一套系统的管理科学。

在过去，做销售请客吃饭拉关系可能有些效果；现在，必须搭班子、建体系，科学地管理客户。

在过去，员工很容易满足，多拿工资就多一分幸福；现在，员工的需求更多元了，职位的晋升、专业的历练将给他们更多幸福。

在过去，产品能够满足客户的一般需求就可以了；现在，还要满足客户的个性化和隐性需求，才能在市场上独树一帜。

市场越发展、竞争越激烈，营销的重要性就越凸显，同时，营销管控的难度也就越大。

一招解痛

针对营销难题，大营销管控体系给出了一个解答：经营一家企业，想要做好营销管控，一定要处理好"左右手"的关系。

简单来说，就是左手抓销售，右手抓客服；左手抓"攻城"，右手抓"守城"；左手抓业绩，右手抓管理；左手抓业务，右手抓职能；左手抓结果，右手抓过程；左手抓机制，右手抓文化……

我在课堂上不断地对来听课的企业家们提到这个管理体系，希望大家能够转变思维方式，认识到有了大管理，才能带来大销售；有了大体系，才能带来大业绩。

企业家们在听了"大营销管控"课程后，把这套管控体系引入了企业，很多人对我说：“这套管控体系非常实效，非常科学！”

毕竟这套体系是从我二十多年的营销管控实战中来的，在多年的工作中被应用、被证实、被反复打磨。提炼这套体系，我又花了五年时间。在这五年中，我讲了130多堂课，开了近70场公开课及30期方案班，深入辅导了20家企业，理论与实践一次次碰撞，最终形成了这套实效、科学的方法体系。

不忘初心

本来我没有打算这么快就出书，但是每次在课堂上总有学员来问我有没有营销管控的书，想要回去复习。从这个角度想，我还是要出这本书，为大家提供一个更便于学习和了解这套营销管控体系的工具。

这本书的内容是与我的课程相吻合的。我讲课、出书的初心，是希望企业家和管理者了解大营销管控体系，得到科学的营销方法。如果能够进一步把大营销管控体系导入企业、落到实处，我相信会有持续的效果，能让企业家看到业绩的增长、企业管理能级的提升。

　　我将用毕生的精力讲授大营销管控体系。通过这套体系，我希望能帮助十万家企业掌握科学的营销方法，建立科学的管理体系，让营销旗开得胜，让业绩蒸蒸日上，最终成为各自所在行业细分领域的第一！

作者简介

陈军

中国"大营销管控"创立者，多家上市公司营销总顾问，顺丰速运集团原营销副总裁，行动教育"大营销管控"首席导师，行动教育营销总顾问。

1996年加入雄风摩托集团，在担任集团销售总经理期间，率领销售团队年度销售额达到6亿元，跻身中国摩托车行业前十强。

2002年进入物流行业，在宅急送华东区销售负责人岗位上，带领营销团队，从年销售额5 000万元做到2亿元，连续5年成为集团公司最佳团队。

2008年担任顺丰速运集团营销副总裁，创建了集团大营销管控体系，并且创建代收货款项目，年代收货款现金达到300亿元。

2013 年，正式出任行动教育"大营销管控"课程与咨询项目首席导师、行动教育营销总顾问，同时被多家上市公司及行业龙头企业聘请为营销总顾问。

从 2013 年 11 月起，主讲行动教育"大营销管控"课程，包括"大营销管控"论坛 130 余场、"大营销管控"总裁班授课 70 期、"大营销管控"方案辅导 30 期，辅导企业 120 家，"大营销管控"入企落地辅导 20 家。参课企业家及企业高管达 30 000 余名，帮助 5 000 多家企业构建了大营销管控体系。

目录

第一章

企业营销现状

今天我们所处的这个时代，是一个快速发展的时代。互联网技术、信息技术、大数据技术突飞猛进，推动着企业的经营模式也在快速更新。

今天我们所处的这个时代，是一个管理变革的时代。科学技术在各行各业广泛应用，带来了企业管理模式的变革。

今天我们所处的这个时代，也是一个裂变与整合的时代。客户的个性化需求，促进了企业生产与营销方式的裂变与整合。

今天我们所处的这个时代，更是一个创新与更迭的时代。生产模式在创新，客户体验在创新，营销模式在创新，企业管理在创新……

今天的企业家们，面对的是前所未有的市场、前所未有的竞争，想要成为行业第一，面临一个重要的课题：

怎样做好营销？

很多企业家会说，营销就是成功地卖出产品，成功地锁定客户。这是大多数人的答案，很实在，但是也很模糊。它只描述了目标，却没有给出能够达成目标的科学方法。

我们可以看到，在现实中，仍有很多企业家深陷营销困境：前期缺乏市场调研，难以准确地把握客户需求，营销活动容易受阻；对销售团队的管理不够科学，新员工培养缓慢，老员工不断流失，企业变成人才"漏斗"；对客户的管理有所欠缺，客户不断开发，又不断流失；对营销过程缺乏管理，导致销售迷失方向，偏离目标。种种原因，导致公司的营销做不好，业绩越做越小，经营也越来越困难。

出现这些问题的根本原因，在于这些企业缺乏营销战略，缺乏管理体系，缺乏实效的系统工具。归根结底，就是缺乏一套系统、科学的大营销管控体系。

第一节 营销管控的三重境界

在加入行动教育之前，我已经在企业做了近二十年的营销管理，最初在雄风摩托做营销，后来转到汽车行业、物流行业，在宅急送和顺丰工作了很长时间。在这个过程中，我管过市场团队，带过销售团队，也管过客服团队，尤其销售团队中的基础团队和项目团队都曾经管理过。

在这么漫长的时间里，营销管控涉及的每个部门，它们分别是如何在运转的？对这些部门到底要实行怎样的管理，才能让它们的运转更科学、更高效？我在经年累月的实践中，积累了很多实效的经验。

数年前,我加入了行动教育,此后我的工作主要分为两大块:40% 的时间我在课堂上谈营销,和企业家们交流营销经验;60% 的时间我在给企业做顾问、做辅导。在这个过程中,我一方面与众多企业家不断地交流经验、碰撞思想;另一方面也把自己的所知所得植入企业,落地生根,变成具体的管理机制。

这么多年以来,因为所处职位的关系,我接触了大量的企业家,同时我也见证了很多企业成长的过程,以及一些企业衰败的过程。随着亲身体会与实践经验的积累,我逐渐发现,如果从营销管控的角度来看,中国的民营企业家大致可以分为三重境界(见图1)。

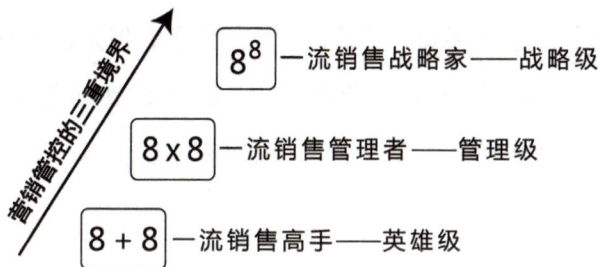

图1 营销管控的三重境界

一、销售高手

在中国，本身是一流销售高手的企业家有很多，这些企业家在创业的时候，大客户是他拿下的，大订单是他谈成的。实现大成交，谈成大合作是他们的拿手好戏。

他们的销售能力非常突出，擅长单兵作战，一个人就是一个英雄，就是公司的顶梁柱，公司因为他才能存活。

这些"个人英雄"级别的企业家从早忙到晚，事无巨细。这个销售英雄的能力，可以让一家公司在他的率领下，站稳脚跟，实现"8+8"的发展。

不过这类企业家有一个不足之处，就是让他开发客户没有问题，他热衷于做买卖，是开拓市场的高手，但是让他管理像他一样的销售高手，让他经营企业，从业务标兵变成管理高手，从单兵作战变成带队出征，这个时候就有难度了。

"偏爱管事"的老板

我遇到过一些民营企业家，他们往往在企业发展初期，凭借一己之力支撑起公司；等到企业进入快速发展阶段以后，却陷入管理困境难以自拔。

我印象很深刻的是一家从事礼品、奖杯制作的公司老板，他是一个非常善于谈单的高手，为公司谈下好几家大客户，很快就使公司初具规模，销售团队也组建起来了。

这时候，这位企业家渐渐发现自己在管理公司上很矛盾、很痛苦。主要是因为他一手把公司操办起来，非常熟悉业务，也对业务所需要的技能非常擅长，再加上他喜欢事必躬亲，常常直接去建议甚至指挥员工如何做业务，总是用自己的高标准去要求员工。

公司的员工一开始诚惶诚恐、谨慎请示、处处请教，业务表现还算过得去。时间久了，员工越来越依赖老板，局面渐渐变成了"老板过问，事情动动；老板不问，事情不动"。老板本人更是每天疲于奔命，陷进应付不完的业务难题中，结果每件事都要管，每件事都管不好。

这位老板特别矛盾：最开始手把手教，是指望把团队带出来，让员工自己冲锋陷阵，为什么结果适得其反，弄得现在大客户来了还是得自己亲自出马，大单子还是要自己亲自去谈呢？

这位企业家的困惑，其实我遇到的很多企业家都有。究其根本，原因正在于这些企业家还停留在销售高手的阶段，没有转变为管理高手。而一位销售高手想要突破管理这个难关、总结出一套适合企业人才管理和业务发展的良好模式，需要深刻地意识到：

开创事业靠销售，经营企业靠管理，而管理企业的重中之重，则在于掌握营销管控的技巧。

二、管理高手

能够达到管理高手境界的企业家，不仅自己身经百战、经验丰富，而且能够传授战术，培养出像他自己一样厉害的销售高手。同时，他也能够平衡团队利益，抓好经营流程，把企业管理得井井有条。

做销售高手型企业家，与做管理高手型企业家是不一样的。前者考虑的是个人，后者考虑的是组织；前者解决生存问题，后者还需要解决发展难题。如果企业家能够成为管理高手，那么他就不再需要单兵作战了，他能够带领团队群体作战，让公司的业绩实现"8×8"的腾飞！

经过多年的观察，我发现，决定当下中国很多民营企业成败的，有很多原因，其中很重要的就是缺乏一套科学系统的管理方法。

探索管理高手的进阶路线，建立科学管理体系，是企业家从销售高手抵达管理高手的境界、实现企业"8×8"增速发展的关键。

三、战略高手

战略高手是企业家进行营销管控的最高级别。

战略级别的企业家开发客户非常出色，管理团队非常科学，最核心、最关键的一点是，他目光如炬，能够为企业制定正确的战略方向，是真正的、顶尖的营销战略高手，能实现企业"8^8"的业绩腾飞，使企业向成为行业第一挺进。

过去做营销，也许可以靠请客吃饭拉关系，企业以产品为导向；今天做营销，市面上数一数二的公司一定是战略打法，以战略为导向，为客户创造真正的价值。

企业是为了创造客户价值而存在的

行业顶尖的企业家无一不是战略高手。一般的物流公司追求"送货更快"，但是顺丰创始人王卫对顺丰的定位并不局限于"物流公司"，追求的不是"让快递员送件更快"。顺丰的定位是成为"科技公司"，目的是通过科技的发展引领顺丰，利用先进的科技给客户带来更好的体验。

世界首富贝佐斯，把他掌管的亚马逊定位为"地球上最以客户为中心的公司"。他说："不要问我们擅长什么，而要问我们的消费者都是谁，他们都需要什么。之后，我们要找到满足他们需要的方法。"亚马逊实行的是以客户为中心的战略，这是它成为世界上最大的电子商务公司的重要原因。

2017年，行动教育在上海召开"预判十年"主题演讲会，我在会上讲到，一家企业，如果要做第一，甚至十年以后一直是第一，那么企业家一定要采取"双枪"战略（特种兵战略和终身客户战略），重视内部团队的培养，实现员工价值；重视客户服务，实现客户价值。唯有如此，才能在竞争中赢得胜利（见图2）。

图 2　陈军老师在 2017 年行动教育"预判十年"演讲会

四、判断企业家的管理级别

下面这些普遍存在于各行各业的现象，能够反映企业管理是否存在能级有待提升的问题。

1. 新员工"放羊"

第一个现象是关于新员工的招聘与培养。

很多公司每年都会招聘新的销售人员，普遍的感受是现在招人越来越难了。现在职场上有 90 后、95 后，甚至 00 后已经出来工作了。这些新生代员工越来越有个性，是一群网络时代的"原住民"。他们的价值观是多元化的，不再像老一辈那样，普遍都能"吃苦耐劳"。工作对他们来说，可能并非是生存需要。应该怎样招聘他们，招进来以后怎么培养？这些都成了问题。

企业除了招聘新员工难，还有招进来的留住难，留下来的成长速度慢等问题。有的企业招来十个人，过了三个月，留下五个人；再过半年，只剩下三个人，留存率很低，而且留下来的这些人培养周期也长，不像以前那么好培养。

招聘难还不要紧，更要命的是如果企业对新销售员工的管理和考核不够科学，只注重结果考核、业绩考核，却没有针对他们进行日常管理，忽视了过程，实行"放羊管理"，那么很快这些新员工就会处于自生自灭的状态。

这样一来，企业就痛苦了，新员工招不来，招来了不知道怎么管理，于是在销售团队这一块，企业不停地招人、人不停地流失，最后进入徒劳无功的循环状态。如果企业有这样的现象存在，那么企业管理者充其量只能算在管理高手的边缘徘徊。

2. 老员工变成"老油条"

老员工管理也是很多企业都面临的共同问题。每个企业都有老销售、老员工，这些人过去为企业立下了汗马功劳，是公司的功臣。但是，随着时间的推移，很多老员工开始"变老"，丧失了最初的激情和斗志，做事情不再上心，不再像以前那样充满战斗力了。更要命的是，如果公司内部没有建立合理的规章或管理制度，这些老员工会变成"老油条"，又硬又老，不好管理。

我在企业做管理这么多年，我发现，其实没有哪个新员工希望被"放羊"，也没有哪个老员工想变成"老油条"，而是不科学的管理制度所导致的。一旦企业对新老销售人员的管理实行"一刀切"，在日常管理、日常考核、薪酬制度等方面不够科学合理，那就极有可能催生"老油条"。

老员工变成了"老油条"，没有激情，没有斗志，没有战斗力，心生不满。如果有一天导火索引燃了，他就会愤然离职，离开这家公司，要么加入对手公司，要么直接成为公司的竞争对手。如果公司的客服体系不健全，客户资源都被销售员掌握，那么老员工离职，还会带走公司的客户资源，给公司带来沉重打击。如果企业有这种现象存在，那么这个企业家很难算是管理高手了。

在今天的中国，三百六十行，除了少数垄断行业，绝大多数行业看上去很美、规模很大，虽然企业数量很多，但大多数规模都不大，市场占有率都不高，平均寿命都很短。这种现象的产生，也归因于管理机制的不科学，导致企业的销售"功臣"流失，带走客户，成为竞争对手，相互恶性竞争。

3. 管理者变成"山大王""太上皇"

企业一般都有副总裁、总监、大区经理、分公司经理、门店经理、店长、主管等，这些都是管理者，分布于高层、中层、基层等。假如企业的管理者也变成了"老油条"，那么企业又当如何呢？

并非我危言耸听，而是这些年来，我到全国各地讲课，遇到了很多企业家，都在课间问我："管理者变成'老油条'该怎么办"？

我的答案是：管理者变成了"老油条"，执行力就会很差。公司下达的任务或者要求，他们的处理方式是能拖则拖，或者上有政策下有对策,渐渐地这些管理者变成了"山大王"和"太上皇"。"山大王"的特征是自作主张，"太上皇"的特征是自命不凡，最终办事效率都很低。

今天的中国有很多企业，尤其是那些全国连锁性质的，如果这家企业有两个以上的团队，或者两个以上的分支机构、门店等，就容易有人变成"山大王"和"太上皇"。

新员工"放羊"，老员工变成"老油条"，管理者变成"山大王""太上皇"，这三种现象如果企业里都存在的话，说明管理制度存在很大的问题，企业家已经不是管理高手了。

企业做不大、做不强，很大原因就是受这三种现象制约。

老员工怎么会变成"老油条"

企业存在以下管理漏洞，容易导致老员工变成"老油条"。

1. 日常管理不科学

如果企业的日常管理不科学，比如说一名公司的老销售，已经有七八年的工作资历了，公司还像对待新员工那样，要求他每天在店里登记有多少客户，要每天打多少电话，每周拜访几个客户，在管理上与其他人没有任何区别，这名老员工会开心吗？

按理说，这名老员工工作这么久，有能力成为公司的特种兵，谈单能力已经不必靠上述数量来证明了，公司却还是"一视同仁"，一定要考核他上述数量，那么他一定不会开心的，甚至会有逆反心理。这是公司的日常管理不科学的后果。

2. 日常考核不科学

还是这名老员工，他已经具备了开发大客户的资历和经验，公司却还逼着他像新员工一样。比如说，有些门店型销售的考核是一个月一次，项目型销售的考核应该是三个月一次；有些区域型销售，对新员工的考核是三个月一次，对老员工的考核应该是六个月一次。但是如果企业的考核周期全都"一刀切"，这样科学吗？肯定不科学。

我在企业里带销售团队带了很多年，我很清楚，如果一个老员工工作八九年了还没能顺利晋升，可能就是因为公司的考核周期不科学。

可能他已经达到了更高的专业水平，是开发大客户的水平，而大客户的开发周期是不一样的，有的大客户可能要开发很久。如果公司在这种情况下，还对他保持着一个月或三个月考核一次的频率，他怎么办？他要完成任务，就只能被逼着去开发小客户。时间长了，一个老员工在公司干了三年，是老样子；再过五年，也还是老样子，没有晋升，公司的考核导向决定了他只能在基层来来回回。出现这种现象，说明公司的日常考核是非常不科学的。

3. 激励机制不科学

激励机制的不科学，主要体现在企业内部，包括员工的工资设定、销售提成、晋升设定都不科学，所有的老员工和新员工，每个人的基本薪酬是一样的。实际上，老员工和新员工创下的业绩、完成的任务量、创造的效益，都是不一样的，薪酬怎么能一样呢？这就是薪酬体系不科学。

员工是要分层管理的。如果老员工在公司创造的业绩很好，过程管理的表现很好，通关考核的成绩也很好，当然可以拿更高的薪水，可以与众不同、受到奖励。我们今天很多企业在薪酬制度这一块做得不够好，对新老员工设置的销售提成和基本工资与新员工没有区分，或者有区分，但没有基于科学的考量，单纯根据员工的学历、工作年限等来定，这也是非常不科学的。

如果企业存在着这样三个不科学的管理制度，就容易导致老员工变成"老油条"，出现老员工斗志不旺、混日子的现象。

第二节　营销管控的四大难题

经营企业，就像软银公司的孙正义所说，"要做就要做到占据绝对优势地位的业内第一，然后掌控平台，打造行业标准"。做到行业第一以后，享有的经营便利、品牌美誉度、顾客认可度，都是推动企业"自然生长"的助力。

但在现实中，成为行业第一是很难的，需要具备很多元素。

一、成为第一的必备要素

成为第一，要打造第一的产品和服务。做到第一的产品和服务自带光环，消费者一眼就能看到它，需要的时候第一时间就会想起它。就像消费者要买空调，第一个想起的是格力，要买手机找华为，要买冰箱找海尔，要发快递找顺丰。好的产品和服务自己会说话，"说服"消费者，帮公司"拉"客户。

成为第一，要打造第一的铁军。企业经营需要的不是个人英雄，个人英雄再能干，时间和精力是有限的，创造的业绩也是有限的。企业需要的是有精兵强将的队伍，需要打造第一的团队。只有团队作战、群策群力，才能出大业绩。团队如何管理、维持，是想成为行业第一的公司需要重点考虑的问题。

成为第一，要打造第一的员工收入。提高收入是提升员工工作幸福感的必杀器。今天我们经营企业是否成功，员工的幸福感、满意度是衡量标准之一。员工从工作中得到的幸福感越强烈，他对工作的态度就会越认真，对待客户越热情，自然也就会给公司带来更多的业绩。

成为第一，要打造第一的客户口碑。用终身客户战略，为客户建立档案，深挖客户的需求，把客户变成公司的"铁杆粉丝"。互联网时代的铁杆客户不仅自己消费，还爱发微博、晒朋友圈，带动他的亲朋好友成为下一波铁杆客户。做到客户口碑排名第一，对于想要成为行业第一的企业来说，有着事半功倍的奇效。

成为第一，还需要在企业内部建立第一的科学管理体系。很多企业家自己做销售很厉害，是开发高手，是英雄级的销售高手，可是在管理上，缺系统、缺方法、缺工具；在战略上，更没有明确的营销战略，还是死抱着过去的以"卖货"为目标的经营方式。

二、营销管控的四大难点

难以做好营销管控，阻碍企业发展成为行业第一的原因有几个。

1. 销售目标不清晰

很多企业的目标制定是不科学的，它们难以做出较长时限的，比如五年或十年的目标规划。有的企业定好了目标，却又不会进行目标管理，目标的高低没有评判标准，容易陷入销售"四拍"误区。

你的企业有"四拍"现象吗?

对一家企业来说,目标很重要,但更重要的是,这个销售目标该怎么定呢? 目标定得太高的企业,很容易出现"四拍"现象。

1. "拍"脑袋

每到年初,领导看看去年,去年业绩不错,做了五个亿,他一拍脑袋,定下了今年的销售目标——今年就做八个亿吧! 他也不管这个目标是不是合理,一拍脑袋就出来一个大目标,然后交给销售负责人,"你看着办吧!"

2. "拍"胸脯

销售负责人还能怎么办? 只能含着热泪把目标接下来,拍着胸脯,慷慨激昂,表态没有问题,一定完成! 转身还得赶紧给下面的销售人员"打鸡血""灌鸡汤",大家一起慷慨激昂,"保证完成任务",心里却在叫苦:"鸡血"打下去销售员们信不信我不管,反正我自己得信啊!

3. "拍"大腿

大半年过去了,目标才实现了1/3。销售负责人一看,只好去领导那里"拍"大腿——市场不好！大环境不行！渠道不给力！这种景象，完不成这么高的目标啊！

4."拍"屁股

到了年终，眼看目标真的完不成了，还能怎么办？当初拍过胸脯、做过保证……最后总有一部分人要沦为"牺牲品"，只能"拍"屁股走人……

企业目标定得不合理，脱离实际，最后目标完不成，团队士气不振，人员流失，给团队造成了致命的影响。

2. 营销战略不明确

很多企业没有清晰的营销战略，甚至错把营销目标、行业定位当作营销战略。

营销目标不等于营销战略。

我在课堂上问过很多企业家："你们公司有营销战略吗？"

有人说："我们有战略，我们的战略是五年内营销创收破亿元！"

有人说：“我们的战略是三年之内抢占全国市场！”

其实这些都是营销目标，不是营销战略。

行业定位不等于营销战略。

有人说：“我们公司未来要成为电子行业的领先者！”

有人说：“我们要重新定义服装产业！”

有人说：“我们要成为新型农业的缔造者！”

这些都是行业定位，不是营销战略。

真正的营销战略，着眼点在于企业所创造的价值。企业价值的表现有两点：

（1）实现员工的价值——特种兵战略

让员工更专业，让员工收入更高，幸福感更强烈，实现员工价值最大化。

（2）实现客户的价值——终身客户战略

深挖客户的个性需求、隐性需求，并且满足这些需求。

互联网时代的营销战略，重在实现员工价值、客户价值，最终实现企业的经营价值。未来十年，特种兵战略、终身客户战略才是真正能够实现企业价值的两大营销战略；能够采用这两大战略的企业家，才是真正的战略高手，在他的带领下，企业才能做到业绩腾飞，成为行业第一。

3. 营销体系不健全

很多企业没有清晰地建立起市场、销售、客服三个部门，职能没有清晰地划分。有的企业市场部、销售部搅和在一起；有的企业市场部、客服部搅和在一起；有的企业甚至市场部、销售部、客服部全都混在一起。

企业在商场上冲锋打仗，如果这三大部门没有建立健全，那么表现出来就是：企业重视业务，轻视职能；企业重视业绩，忽略管理；企业只看结果，忽视过程；企业只知攻城，不知守城。这些企业拼命抓业绩、抓结果，却因为缺了总部的职能管理，缺了管理过程，得不到好的结果。企业内部的体系架构都不清晰，怎么可能做到第一？所以我们要从源头开始，梳理好这个体系。

那些能做到行业第一的企业，它们的部门一定是划分清晰、各司其职的。市场部是刺探情报的先锋部门，销售部是攻下城池的主力部门，客服部是守卫城池的重要部门。三大部门相互配合、协同作战，共同取得竞争中的胜利。

4. 系统工具不科学

现实中，很多企业有了明确、合理的目标，有了战略，然而在实际工作中，却感觉仍然难以落地。表现在日常管理中，有着以下问题：缺乏过程管理的工具，难以推行对员工的分层分类管理；缺乏合理的评定机制，难以为员工建立合理的薪酬机制；缺乏科学的晋升机制，难以为员工打通晋升通道；缺乏有效的营销策略，难以有效地提升业绩。

这些现象都是导致企业做不到行业第一的关键，而这些现象背后的原因，主要是企业缺少一套科学的系统工具。有了工具，才能让理论和方法落地。本书的第五章将为企业家们提供四大系统工具，便于企业家切实践行大营销管控体系，帮助企业实现业绩提升、管理升级，成为行业第一的目标。

第三节 成为行业第一的科学管控体系

结合我二十多年的企业管理实战及在一百多家企业进行辅导的实际案例，我提炼出了"大营销管控"——成为行业第一的科学管控体系，即大营销"1234"金字塔模型（见图3）。

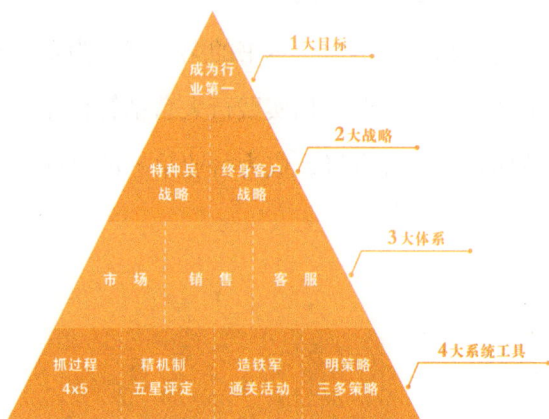

图3 大营销管控体系

一、一大目标

很多优秀的企业在定目标的时候，都是先把十年的战略目标明确下来，然后再定五年的、三年的，最后定一年的。以终为始，反推出平均每年稳健增长的目标。

如果企业每年都能够按照规划，稳健地保持增长，每年业绩翻一番，那么明年的业绩是现在的 2 倍，后年是 4 倍……十年以后，业绩将是现在的 1024 倍！

如果说这个目标有点高，保持每年稳健增长 60%，十年以后也有近 110 倍；如果今年业绩是 1 个亿，十年以后就是 100 个亿！如果说每年增长 60% 还是做不到，每年只能增长 30% ~ 40%，十年以后也能做到 20 ~ 30 倍。今年 1 个亿，十年以后就是 20 亿 ~ 30 亿。

想要成为行业第一的企业，就要制定第一的高远目标。设定了十年以后增长到现在 100 倍的目标，以终为始倒推回来，每年稳健增长 60%。再结合目标制定的"三定三看三做一结合"原则，分解到相关部门和个人，让这个目标变得可以预期、可以实现。

二、两大战略

营销的最终目的是把产品成功地卖出去，把客户成功地绑定在手，那么，我们就要基于这两大诉求，树立两大战略，也就是"双枪战略"——特种兵战略和终身客户战略。

特种兵战略围绕员工的价值展开，强调"企业需要好员工"，让员工幸福，提高满意度指数。特种兵战略要围绕"五指神功"打造。第一功，优架构；第二功，高挑选；第三功，精机制；第四功，抓过程；第五功，深通关。通过"五指神功"打造特种兵、铁军。

企业有了铁军，拿下了大客户，深挖、绑定，才能实现大业绩。阿里巴巴最初的发展归功于"中供铁军"，这支铁军被称为"地表最强的销售团队"，战斗力极为强悍，战无不胜，能人辈出，为阿里巴巴的发展壮大铺下了基石。

终身客户战略围绕客户的价值展开，强调"企业需要好客户"，强调五星服务管理，为客户提供超值体验。

三、三大体系

市场、销售、客服，这三大体系对应着企业内部分别组建的市场部、销售部、客服部。如果公司大，成立部门；如果公司小，则专人专职。这三大部门中，市场是武器；销售是攻城；客服是守城。这三大部门在企业中是你中有我、我中有你的关系。

总部成立这三大部门，也要强调职能管理，做到统筹、规划、监督，在企业内部进行"左右手管理"。成立三大部门，是搭建一个科学的营销管控体系的先决条件。

四、四大系统工具

即抓过程，精机制，造铁军，明策略。

抓过程指 4×5 过程管控，主要是抓日常工作、抓过程，用大管理带来大业绩，通过大过程带来大结果。

精机制即五星评定，指企业对高、中、基层开展科学评定。五星评定是全方位、全过程的科学管理工具，是员工的晋升通道，是通关培训的武器。

造铁军指通过通关活动打造铁军，科学举办培训活动。通过通关，发现不足，针对这些不足，就问题设定课题，就课题拟订新的培训计划，有针对性地实施培训；再通关，再发现不足，再培训……团队进入良性循环发展，能迅速提升能级，达到一年顶十年的成长速度。

明策略指三多策略，即多客、多买、多来，让更多的新客户进来，做大客户，锁住客户一辈子。

一大目标、两大战略、三大体系、四大系统工具，这是大营销管控模型的内容，也是一套科学的经营管控体系，能真正帮助企业优化管理能力。

📋 本章知识点回顾与练习

1. 从营销管控的角度来看，我们把中国的民营企业家分为三重境界：

第一种是 ＿＿＿＿＿ 级，达到这种级别的企业家能够给企业带来 ＿＿＿＿＿ 的业绩增长。

第二种是 ＿＿＿＿＿ 级，这种级别的企业家给企业带来 ＿＿＿＿＿ 的业绩增速。

第三种是 ＿＿＿＿＿ 级，这是营销管控的最高级别，企业家能够达到这种境界，势必能给企业带来 ＿＿＿＿＿ 的业绩腾飞！

2. 对照下面的现状描述，请你判断一下自己已经达到了企业家的哪个级别：

新员工 _____，自生自灭。

老员工变成 _____，自以为是。

管理者变成 _____、_____，自命不凡，自作主张。

3. 在经营企业的过程中，营销管控常见的四大难题是：

_____不清晰。

_____不明确。

_____不健全。

_____不科学。

4. 你在经营企业的过程中，有没有遇到上述营销管控的这些难题？解决这四大难题，大营销管控体系提供了以下有效的路径与方法：

　　"一大目标"，是指 _____。

　　"两大战略"，是指 _____ 和 _____。

　　"三大体系"，是指建立 _____、_____、_____ 三大体系。

　　"四大系统工具"，提供了四个实效解决营销难题的工具，分别是 _____、_____、_____ 和 _____。

笔记

第二章

一大目标
——成为行业第一的起点

今天我们所处的这个时代，充满着前所未有的机会。如果企业家有雄心壮志，又不缺乏赢利思路，那么，他能够成功攀上事业顶峰的机会，是远远多于以前任何一个时代的。当然，竞争与机会同在，今天我们所处的这个时代，企业之间的竞争也是前所未有的激烈。

作为企业家，想要突破竞争的局面，在市场上开辟出属于自己的天地，首先要知道的是如何定目标（以下简称"定标"）。

美国著名的管理大师彼得·德鲁克早在 1954 年就提出了"目标管理"的概念，在他看来，并不是先有工作才有目标，而是有了目标才能确定每个人的工作。

作为企业的经营者与管理者，最重要的任务，便是将企业的使命，转化为目标。有了科学的目标，就有了成功的起点，让经营者清楚如何做出选择，如何优化或者改变，并且在长远的发展道路上不断努力、持续精进，最终赢得事业的成功。

第一节　科学定标是企业成功的一半

对企业的经营者来说，为营销活动制定目标有着非常重要的意义。现实中，每个企业每年都会制定销售目标。有些企业定标科学，能够激发员工的潜能，最终推动企业战略的实现；然而有些企业却定下了不合理的目标，给企业和员工带来了伤害。

一、目标定得太高的危害

有很多管理者在制定目标的时候会犯一个错误，以为目标定得越高越好。然而实际上，人们做一件事情时的心态是这样的：要么不做，要么做好得到回报。当员工发现工作的目标非常高，再怎么努力都无法完成时，这样的目标就失去了吸引人、激励人的意义，取而代之的是对人自信心的打击，让人产生消极情绪。如果一个企业每年销售团队都只能完成 50% ~ 60% 的目标，常见的情况是大部分销售员都会深感受挫，产生放弃、回避、自卑等负面情绪。

凡客的"大跃进"

凡客诚品曾经是电商界迅速崛起的明星，风头一时无两。这家公司于 2007 年创立，2010 年业绩突破 20 亿元，同比增长 300%，成为当时位列第四的电商。

创始人陈年因此大受鼓舞，到了 2011 年年初，野心暴涨，1 月制定的目标营业额是 60 亿元，到 3 月修正为 100 亿元。为了达成这个销售目标，凡客迅速扩张规模，增加员工数量，形成了 1.3 万人的团队。同时，陈年下命令，不管上什么货，一天就要上 100 个 SKU（库存单位），以保证足够的销售额。结果员工完不成任务，每天处在崩溃的状态中，曾有员工找陈年哭诉："这就是大跃进啊！"

事后，陈年承认，凡客的管理方式有点儿计划经济，决策时拍脑袋，定下目标后就层层分下去，却不考虑怎么卖，卖什么。在这个过程中，员工的信心会衰减，对自己的要求也会放松。陈年反思道："我不能老吹牛，我吹牛的结果就是让团队的压力变得特别大。"

在盲目扩张的过程中，凡客的产品质量失控，销量大不如前，错失了发展的大好机会。

由此可见，企业的目标定得太高了，脱离实际，对销售团队的影响是非常致命的。目标定高了，任务完不成，团队信心会受到很大的打击，士气不振，消极抵抗，甚至离职都有可能。这样的企业可以成为行业第一吗？答案是显而易见的。

二、目标定得太低的危害

那么目标定低一点就行了吗？

我在课堂上曾经遇到一个企业家，他对我说："我们公司的销售目标完成率非常高，每年我们都可以完成140%～150%，有时候我们甚至能完成200%！"我看了看他，问道："那么你的团队爱学习吗？""学习？"他很困惑，"他们都不太爱学习，都觉得自己已经做得很好了。"接着他又说："业绩完成得这么好，我也觉得他们不错了，我为我的团队感到自豪，同时这也说明我的管理还挺成功的！"我说："你先别忙着高兴，我来告诉你，你定标有问题，你的管理也并不科学。"

如果一个企业的员工连续几年都能创造高于既定目标两倍的销售额，这起码说明两点：市场大环境很好；员工的能力被低估了。

总之，在当前的市场环境下，销售团队完成任务很轻松，也许还有可能做得更好。

可惜的是，这个企业的目标定得太低了，不仅没有进一步激发员工的潜能，为企业的发展创造更大的可能，甚至还滋生了团队骄傲自满的情绪，使得员工自视甚高，不愿意继续学习。

不学习意味着什么？不学习就意味着停滞；停滞就意味着失去创新，失去活力；最终失去的，一定是企业的未来！

这是目标定得过低的一大害处。不要小看这个害处，古人云："生于忧患，死于安乐。"那些行业排名第一的企业，无论是华为，还是阿里巴巴或百度，它们的领导者都有着强烈的忧患意识。

华为的任正非总是强调企业要时刻存有危机意识，他的理念是"惶者才能生存"，常常自问"下一个倒下的是不是华为"，不停地告诫员工"华为的冬天正在到来"。马云热衷于研究别人失败的经验，时时警醒自己。李彦宏说百度离破产永远只有30天！这些顶尖的企业家无一例外都保持着高度的危机意识，未雨绸缪，持续精进，好了还想更好。

因此，企业一定要居安思危，时刻提防内部产生骄傲自满的情绪。对于销售人员，坚决不给他们定下过低的目标！

三、什么样的目标才合理

话说回来，目标定高了，打击员工的自信心，让他们觉得自卑，对企业的影响是恶劣的；目标定低了，让员工骄傲自满、止步不前，也会对企业造成伤害。那么，到底什么样的目标才科学？目标要完成多少才能算合理？

根据我这么多年的经验，如果一个企业的目标完成率在80% ～ 120%，已经算很不错了。如果企业的目标完成率能够稳步保持在 95% ～ 105%，说明定标很科学、很合理。

这样的目标，是现实的、切合实际的，符合企业发展的需求，也适应客观的市场环境。员工的内心真正相信目标可行，使劲跳起来就能够得着。

这样的目标，也是有挑战性的。目标的实现具有一定的难度，但能将压力转化为动力，促使员工认真对待、全力以赴，潜能被充分激发，实现自我的突破。

有一句话是这样说的："好的目标是成功的一半。"我们也可以说："有了科学合理的销售目标，整个公司的经营才能进入良性发展。"领导者高屋建瓴、目光如炬，员工勤勤恳恳、志在必得，这种公司才是未来可期、成功在望的。

那么，在现实中，企业怎样定目标才能够科学合理、恰到好处呢？

第二节 以终为始反推法

史蒂芬·柯维在他的著作《高效能人士的七个习惯》里提到，成功人士的一个重要习惯是"以终为始"，以目标为导向。他们总是先想清楚目标，再倒推回来，需要什么资源，就去争取什么资源；需要做什么事情，就赶紧着手去做。

同样，亚马逊 CEO、世界首富贝佐斯关于企业经营有这样一个观点：如果你在做每件事时把目光放到未来三年，和你同台竞技的人会很多；但是如果你的目光能放到未来七年，那么可以和你竞争的人就很少了，因为很少有公司愿意做那么长远的打算。

一、先定十年，再定五年、三年和一年目标

根据我多年的观察，企业的经营确实如此，那些能够做到行业里数一数二的企业，它们一定是有长期目标的，至少也有十年的目标规划。

与其他企业相比，这些行业龙头企业的特点，就是能够做到以终为始，非常清楚自己的目标，然后根据目标反推，事先就设计出实现目标的路径，然后采取有效的实际行动去实现目标。

以终为始的目标反推法，用十年以后的目标指导你当下的行动！这种反推法是非常高效的。

我认为想要在十年以后变成行业第一的企业，就必须采取以终为始的目标反推法。首先定下十年目标，反推计算，再定五年目标，然后是三年、一年目标。最后你现在应该做什么，就清楚地知道了。

世界首富的成功秘诀

贝佐斯把"以终为始"贯彻得很彻底。1994 年，贝佐斯已经是一家公司的副总裁了，他想辞掉高薪工作去创业。许多

人没法理解他，也不赞同他这么做。但他是这么想的：到我 80 岁的时候，我肯定不会因为辞职而后悔，而会因为没有抓住互联网的发展机会去创业而后悔。

于是他毅然辞职创办了亚马逊，并在亚马逊继续实施他的"以终为始"打法，亚马逊有很多产品就是按照这个思路做出来的。

比如说电子阅读器 Kindle，在此之前，亚马逊就是卖书的，没有做过硬件，大家都没有开发经验，研发的难度很大。

但是贝佐斯不是从"我能做什么"来想的，他就是用"我想要什么"的思路，始终坚持说："我就是想要有一个设备，让我的客户可以在几分钟之内就能看到他想要看的书。"

为了他这个目标，亚马逊员工只能埋头苦干。结果现在亚马逊的产品 Kindle 已经成了电子阅读器的代名词，并且这个产品使亚马逊从全世界最大的纸质书网络零售商，摇身一变，成了全世界最大规模的数字图书零售商。

另外还有短短几年间就给亚马逊带来数亿美元营收的智能音响 Echo。在这个产品出现前，市场上从来没有过同类产品。但是贝佐斯就想要这样一款智能家居硬件，让顾客只要对着它说话，就能够听音乐、订外卖、打车、开关家电等。

八字还没一撇，亚马逊内部就为这个产品召开了一个"假的"新闻发布会，绘声绘色地向员工描述这个新产品的功能。

为了创造这个产品，研发人员需要改进语音识别技术，那就想尽一切办法去升级技术；需要让产品的反应更拟人化，那就做大量的实验来完善这个产品。

总之，贝佐斯的做法就是以终为始，设定目标以后，逢山开路，遇水搭桥，不管产品的最初设想让人感觉有多不可思议，反正就是要坚持研发、坚持突破，把它给做出来。

于是智能音响 Echo 诞生了，成了亚马逊又一个明星产品，还推动亚马逊进入了新的商业领域。

以终为始，以目标为导向，是贝佐斯创造商业传奇的秘诀之一。这种方法，也将是我们把企业经营成功的关键！

所有企业的经营者和管理者，都应该认真考虑这个问题：十年以后企业要做到什么样？再根据十年目标反推，把十年目标分解成五年的中期目标，然后分解成三年的近期目标，再继续分解下去，直到推出最近一年、最近半年的短期目标。非常有计划性、执行力超强的企业甚至还可以继续分解，把短期目标分解成月目标，把月目标分解成周目标，把周目标分解成日目标，如此一来，现在需要做什么就一清二楚了，现在就可以马上去做！

这就是以终为始的目标反推法。

二、平均每年稳健增长

我在课堂上也经常遇到这样的学员，他说："陈老师，我们要做第一！"

我说："挺好的，我们就要有做第一的勇气，还不是做一次两次第一，是一直做第一。"

他又说："但是我不知道要怎样才能实现目标。"

想要做第一，当然，首先要有第一的目标！其次要保持每年稳健增长，这一点至关重要！

不要小看"稳健增长"这四个字。假如一家企业每年保持100%的增长，假设它今年的业绩是1亿元，那么十年以后它就是1000亿元的企业！

可能大家觉得每年增长一倍太难了，那么我们放低标准，每年保持 60% 的增长，今年的业绩是 1 亿元，十年以后，业绩就有 110 亿元！如果说 60% 的增长还是难以实现，那么我们保持 30% 的年增长呢？十年以后将是 13 亿元！

实现一个大目标的关键，在于保持稳健增长。"积水成渊，蛟龙生焉。"再难的目标经过一点点增长，最终都能得以实现。

第三节　三定三看三做一结合

那些有了大目标、想要在十年后成为行业第一的企业，如何把目标变得更加实际、更有操作性呢？结合我多年来在企业中的营销管理实践，以及到各行各业的企业中去做咨询顾问的经验，我总结了一套科学定标的系统方法，称之为"三定三看三做一结合"。

一、什么是"三定"

"三定"的意思，分别是：定保底，定合理，定挑战。

我们通过一个案例来理解它。

一家企业去年的销售业绩是 1 亿元，打算定今年的目标。我们先来看行业的增长幅度，假如行业平均增幅是 40%，企业想要跑赢这个平均增幅，那么目标定在 1.4 亿元，这是合理目标。保底目标应该略低于合理目标，在 1.4 亿元的基础上乘以 0.8。挑战目标略高于合理目标，在 1.4 亿元的基础上乘以 1.2。

假如企业认为增长 30% 有难度，顶多只能增长 10%，那么，就必须做到 1.1 亿元，这是合理目标。要注意，只增长 10% 的情况下，保底目标不是乘以 0.8 了，应该是 1.1 亿元乘以 0.95。挑战目标呢？是 1.1 亿元乘以 1.05。

为什么增幅变了，保底目标和挑战目标的比例都要跟着变呢？

原因很简单，如果企业的合理目标增长幅度小于或等于 20%，在这个基础上乘以 0.8，推算出来的保底目标会低于或等于去年的实际业绩。相当于企业今年的发展止步不前，甚至还要退步，这就失去目标的激励作用了。所以，在这种情况下，将合理目标乘以 0.95 作为保底目标，乘以 1.05 作为挑战目标，就比较科学了（见表 1）。

表 1 目标"三定" 单位：亿元

上一年业绩	行业增幅	保底目标	合理目标	挑战目标
1	100%	1.6	2	2.4
1	60%	1.28	1.6	1.92
1	40%	1.12	1.4	1.68
1	10%	1.045	1.1	1.155

二、什么是"三看"

习近平总书记有这样一段讲话："调查研究是谋事之基、成事之道。没有调查，就没有发言权，更没有决策权。"作为企业的管理者，制定目标一定不能"拍脑袋"，而要建立在调查研究的基础上。

具体的调研工作，要交给市场部去做，即使企业的规模小到无法成立市场部，也要安排专人专职来做调研。只有精准地了解市场，才能科学地定标。

"三看"就是从三个角度来看目标制定的背景资料，这"三看"分别介绍如下。

1. 看历史

知其所来，方知其所往。公司销售部在过去三年中的具体情况、具体数据，是要收集起来加以分析研究的基本资料。

2. 看趋势

这是说要观察行业。为了防止闭门造车，就必须把行业发展趋势看清楚。对所在行业的市场规模、发展阶段等看得越清楚，就越有助于科学定标。

3. 看标杆

既要从内部找标杆，也要从外部找。从内部分公司中找出标杆，向它看齐；从外部竞争对手中找到行业第一、全国第一，乃至全球第一，对标管理。

我们通过一个实际案例来理解"三看"的具体应用。

在课堂上，总有企业家开门见山，上来就说："老师，我想做第一！"好！既然你有第一的目标，那我们就从"三看"开始。我先问清楚他的企业现状，接着我问："你所在的行业有多大，你知道吗？"

比如说化肥行业，国内的市场规模上万亿元，想在这个行业中做到第一，占比起码要做到 5% ～ 10%。那么，一家化肥企业想要成为第一，至少要做到上千亿元的规模，这还只是在国内。

我接着问：“你最大的竞争对手做得怎么样，你知道吗？”有的企业在国内做得很好，自我感觉良好，结果到了外国，发现另一家企业同样的规模却能做出十倍于它的业绩。

所以，看完行业，还要看标杆，做到心中有数，科学定标。我想成为行业第一，那么，我和现在的行业第一差距有多大？我想要在十年之后超过它，我每年的增长幅度应是多少？

对标管理，以终为始，从十年之后反推回来，定好十年，再定五年、三年，最后是一年，也就是今年的目标。

做第一不难，难的是企业家有没有真正地看清楚历史，看清楚趋势，看清楚标杆，看清楚行业，看清楚自己！

三、什么是“三做”

定标以后，我们还要做动员，做宣誓，做承诺，这就是“三做”。“三做”的目的，是为了确保目标的实现能够更加顺利、超出预期。

曾有两位在目标制定方面著名的教授——埃德温·洛克和盖里·莱瑟姆在《美国心理学家》发表过一篇文章，他们在文章中介绍了历时 35 年的研究结果，其中有一条就是"公开宣布目标，会增加个人的投入"。让员工承诺和宣誓，就是为了"公开宣布目标"，从心理上暗示他们目标可以达成，强化其信心。

这一点可以通过一个很常见的现象来印证。

玩过赌马的人会发现，在下注前，人们会犹豫不决，拿不准哪匹马会获胜。一旦下了赌注，马上对自己所买的那匹马信心大增，几乎确信它一定能赢！这种心态会一直延续到最终结果出来。

马还是同样的马，赛道还是同样的赛道，客观条件都没有变，但是赌马的人买下马票，"宣布"目标以后，心态就截然不同了。

企业在定下销售目标以后，适当利用这样的心理法则，也能有效地增强销售团队实现目标的自信心与决心。比如，在动员过后，让销售人员上台宣誓，大声说出自己的销售目标，做出完成目标的承诺。在这样的过程中，激励他们的斗志，强化他们的信念，让他们相信目标必能达成，他们自然会有更多投入，更好地完成目标。表2便是行动教育在动员宣誓时用到的表格，从中可以看到销售员自发写下的誓言。

　　李扬、陈奕如是行动教育某分校的伙伴，两人都很有销售员的特质：坚韧、上进、积极、很有孝心，听他们说得最多的就是：要接爸爸妈妈到马尔代夫旅游，要让父母结婚30周年之际享受天伦之乐。针对他们的具体情况，公司协助他们制定了如表2所示的目标分解表。

表2 目标分解表

单位：元

目标分解	1月	2月	3月	4月	5月	6月	上半年
	10万	10万	12万	13万	15万	15万	75万
	7月	8月	9月	10月	11月	12月	下半年
	15万	15万	15万	20万	20万	20万	105万
合计	180万（备注：除特殊月份，周目标下限2万，月目标下限8万）						
承诺	我庄严承诺：如我能在2018年年底完成目标，我给自己的奖励是：带父母到马尔代夫；若完不成，我手抄20遍《世界上最伟大的推销员》，我为自己的承诺负100%责任！请老师各位同人对我监督！						
	签字：李扬、陈奕如　监督人签字：张泽　2017年12月28日						

四、什么是"一结合"

"一结合"指的是目标的设定要结合公司战略及人员规划。

也就是说，企业设定的销售目标，一定要结合公司战略，也许是十年战略，也许是五年战略，以终为始，反推回来。

企业设立年度目标，眼光却不能只放在"年度"上，"风物长宜放眼量"，要把眼光投射到五年以后，甚至十年以后。

接下来，企业需要招多少人？今年招多少，明年又要招多少？人员规划也要纳入考虑范围。

结合战略来定标，使目标不偏离企业的长远发展规划；结合人员规划来定标，保证目标符合企业现实，不脱离实际。

📝 本章知识点回顾与练习

1. 科学定标是企业成功的一半。目标定高了，打击员工的自信心；目标定低了，会使员工骄傲自满、止步不前。如果一家公司的目标完成率在 _____ 到 _____，已经算很不错了。如果公司的目标完成率能够稳步保持在 _____ 到 _____，说明定标很科学、很合理。

2. 那些成为行业龙头企业的共同特点，就是非常清楚自己的目标，然后根据目标进行反推，具体的做法是 _____。

有了目标，就能够事先设计出实现目标的路径，坚持每年

做到 _____，最终顺利实现目标。

　　3. 那些有了大目标、想要在十年后成为行业第一的企业，如何把目标变得更加实际、更有操作性？

　　本书给出了非常具有实操性的定标方法，提出要"三定"：____ ____，_____，_____；"三看"：_____，_____，_____；"三做"：_____，_____，_____；"一结合"：结合 _____。

第三章

两大战略
——左手抓好员工，右手抓好客户

当下的中国，商场上有许许多多熠熠生辉的明星企业家，王卫是这其中亮眼的一颗明星。

王卫掌管的是顺丰集团，这个快递王国由二十多万名员工组成，集团非常庞大，同时也非常难以管理。但是王卫却把它管理得井井有条，做到了员工的流失率全行业最低，员工的幸福指数全行业最高。

更加了不起的是，顺丰的客户管理很出色，王卫把顺丰做成了客户心中的快递公司第一、快递之王。顺丰留给顾客的印象永远是专业、快速、可靠、值得信任。它的快递费全行业最高，但不影响客户的满意度。连续九年顺丰的客户满意度都是市场第一。

作为一名企业家，最重要、最关心的始终是这两种人：员工与客户。而这两种人，顺丰都管理得很好，员工是高效能员工，客户满意度很高。

想要做到行业第一的企业，就应该学习顺丰，最关心、最聚焦的，永远是如何拥有好员工，如何绑定客户一辈子。

本章要讲到的两大战略——特种兵战略、终身客户战略，正是对这两个焦点问题的解答。

第一节　特种兵战略

企业采用特种兵战略，目的之一是为了实现员工的价值。

现在这个时代，很多员工对工作追求的已经不再是一维的目标——钱多。他们的目标是多维的：既要合理的薪酬回报，也要专业或技能的增长；既要满足经济需要，也要实现自我追求。

如果一家企业限制员工实现自我，就难以留住员工，尤其是那些有着高水平、高技能的员工。

爱员工的最高境界，就是让他们更专业。能够意识到这一点的企业家，往往更愿意为员工提供自我成长的空间，鼓励他们实现自我的最大价值，并且为此提供配套的战略机制——特种兵战略。

一、企业销售现状

走在创业的路上，我们大部分企业家感受到的痛苦都是相似的。

仅就销售团队来说，很多企业家都在我的课堂上反映，他们有着以下这样的痛点。

1. 员工的专业度不高

员工不够专业，就没有能力精准地开发客户；难以给客户提供极致的产品体验或者服务，就很难获得客户的信任，很难维护客户。尤其是面对大客户的时候，专业度不高的员工能级不够，是很难发掘成功的。而没有大客户的结果也很明显，员工做不出大的业绩，公司也就没有大的利润。

总之，普通的员工只能带来普通的客户，专业的员工才能为大客户提供专业的、极致的产品和服务，为公司带来大业绩。从这个角度来看，企业必须培养自己的营销特种兵。

2. 员工的人均效能低

员工的水平低，效能自然也低。三个臭皮匠，加起来也干不出一个诸葛亮的战绩。

一个普通的员工花上十天半个月才能找到一个客户，又花上十天半个月才能搞定一个客户。一个疏忽，这个辛辛苦苦开发来的客户轻易地就流失了。这样的打法，效能太低了，有一个这样的员工，整个团队都将被拖死。

员工的人均效能低，给公司带来的业绩低，公司的运营成本就相应增高；同时这个员工因为低能效，只能有低收入，员工的满意度也就相应降低。这样一来，公司和员工是双输的。

想要解决这个问题，就要对员工进行科学的培训。没有经过科学培训的员工是企业最大的成本，而经过科学培训的员工能给公司带来最大的收入与资源。

3. 企业缺乏精兵强将

企业缺乏精兵强将这一点是很多企业家的最大痛点。

我常常在课堂上听到他们说"企业无才可用""员工开发客户都不如我"！有大客户要开发，找不到精兵强将；有大项目要负责，找不到精兵强将；有团队要管、有员工要带，找不到精兵强将！很多时候只能公司老板自己上，大客户自己谈，大项目自己管，人才自己复制。最后，这个企业家始终停留在"销售英雄"级别，单枪匹马，从早忙到晚，公司的业绩还是8+8。

企业如果存在以上这三种状况是很痛苦的，后果也是很严重的。

销售团队做不出大业绩，企业无法发展壮大，甚至企业内部会形成一个"漏斗"，新销售招进来，因为不专业、不高效，业绩很低，流失很快；老员工职级无法提升，久而久之变成混日子的"老油条"。这样的企业很难有增长，甚至不断在内耗和衰退。

总之，想要有大业绩，就要有大管理；想要有好员工，就要有好的战略，科学建立和管理销售团队。换言之，企业需要培养精兵强将，需要引入特种兵战略。

二、特种兵战略——打造高效能销售团队

如果企业有上述三种状况，就会变成人才漏斗，好员工留不住，也培养不出来。

正确的战略，就是把企业的团队建设改为建"蓄水池"：好的员工进来，要让他们不愿意跑，让他们留在公司，为公司开发大客户，创造大业绩，这样公司才能真正做大做强。留住好员工，培养顶级员工的战略之一，就是"特种兵战略"。

怎么理解特种兵？特种兵的理念是提倡一家企业不在于员工人数最多，而在于员工效能最高。企业要培养一批能干的特种兵，让这些人一个顶十个，甚至一个人就是一支队伍。

特红兵战略是区别于人海战术的。今天有很多销售型企业，其实还在浑然不觉地使用着人海战术，眼睛只盯着员工的数量。这些企业很容易有"321"现象：养着三个员工，给他们发两个人的工资，而他们干的是一个人的活。三个人干着人家一个人就能干的活，做出人家一个人就能做到的业绩，老板怎么能满意？同时员工也肯定不满意，他想的是我们三个人才拿了人家两个人的工资，太少了！那么老板给多少钱，我就只干多少活吧。最终，企业陷入了恶性循环：员工没有激情干活—客户做不大—人均效率和产能低—企业利润低，给的薪资少—员工没有激情干活……

所以，很多企业家都希望自己的员工是"123"：一个人，拿着两个人的工资，干着三个人的活。这样一来，老板认为养一个员工，做出三个人的业绩，太有价值了。员工也很满意，他一个人能拿人家两倍的工资,觉得这份工作还是很有"钱途"的。企业的状态变成了员工有激情、有效率，老板有利润、能给高薪资，员工和老板皆大欢喜，达成双赢。这种培养"123"好员工的战略，我们称为"特种兵战略"。

未来我们的企业都应实行特种兵的战略,把好的员工留住，把员工打造成高效能的精兵强将，形成公司的人才"蓄水池"，为公司带来大业绩。

三、特种兵的画像

打造特种兵之前，我们要先弄清楚，什么样的人才能成为特种兵。让我们来看一看特种兵的画像——高（度）、专（业）、才（能）。

1. 高——特种兵是有高度的

这里的高度主要考量员工是否认同企业的价值观，是否具备与企业战略高度一致的认知。

一家企业价值观的素材往往来自销售团队，把价值观融合到行为里，使用到工作中的人往往也是销售团队。对于企业的特种兵，更要格外细致、严格地考量他们的价值观。

细致到什么程度呢？以把客户信息输入客户关系管理（Customer Relationship Management，CRM）系统为例，如果销售员拜访客户时没见到决策者，那便不算有效拜访，若输入"已拜访"，就应该予以严惩；如果销售员拜访了三个客户，却好大喜功，输入五个，也应该予以严惩。

任何一家企业想要生存发展，都应该视诚信为红线，员工一旦踩线，轻则重罚，重则开除，因为他背离了企业最基本的价值观。三观不对，培养白费；同心同德，才能同行。

2. 专——特种兵是专业的

特种兵需要具备本行业深厚的专业功底。

现在的客户越来越理性，当他发现销售人员还停留在"卖货"的层次上，表现得不专业、半桶水，他就很难信任销售员，成交也就变得很难。

所以，合格的特种兵会把自己打造成客户的"热线电话"，化身为客户的"专属顾问"，为客户提供专业的、详尽的资讯，在专业层面上给予客户支持，为客户提供最佳的解决方案。

总之，出色的特种兵必须是专业的，他能用自己的专业表现，获取客户的信赖，与客户实现大成交。

3. 才——特种兵是有才能的

特种兵深谙客户心理，拥有捕捉客户需求的才能，能够敏锐地发现客户的痛点，甚至能够挖掘客户深层次的、隐形的需求。同时，特种兵也熟稔成交技巧，与客户保持良性互动，能够顺利推动合作。

这三点，就是特种兵的画像——高、专、才。满足这三点要求的特种兵，同时也是具备"三高"特征的人才：能创造高业绩，给企业带来高利润，同时也能给自己带来高收入。

理解了特种兵的画像和特征，我们在打造特种兵时，就可以以此为依据，有的放矢，挑选出合适的人才。

四、打造特种兵的"五指神功"

特种兵人才的来源无外乎外部招聘、内部选拔等方式。

招聘的方式无须赘述，线上有招聘网站，线下有专业猎头。在新媒体时代，很多企业还会建立自己的网站、公众号等，通过自己的网络平台发布招聘启事，找到合适的人才。

企业需要注重的是内部选拔的渠道。这条渠道的通畅，意味着内部的人才可以达到一个合理的、充分的流动状态。因此，建立一个科学有效的选拔机制很重要。

结合我在企业里十八年的营销团队管理实战心得，以及近五年深入企业落地辅导的实操，我们提炼出打造销售团队特种兵的"五指神功"（见图4）。

图4 打造特种兵的"五指神功"

第一功 优架构

具体来说，优架构的核心理念，就是员工需要分层管理。以销售团队的组织架构为例，就是建立两个团队：基础团队＋项目团队（特种兵团队）。

未来不论在哪个区域、哪个门店，你会发现公司的销售团队慢慢地会呈现出两个团队：一个是基础团队，另一个是项目团队。

基础团队由基础销售构成，项目团队就是特种兵团队。甚至在特种兵之上，还可以设置战略特种兵，把团队分成多个层次。

第二功 抓过程

对销售团队的管理，是要抓过程的。只有好的过程才能带来好的结果，只有好的管理才能带来好的业绩。

过去很多企业陷入一个误区，认为只要有结果、有业绩就可以了，其实不是这么回事，应该两个都要抓，进行左右手管理。左手抓业绩，右手抓管理；左手抓结果，右手抓过程。左右手都要抓，两边都不能松懈。

同时，在过程管理中，特种兵团队是要与基础团队区分开来的。

第三功　高挑选

特种兵是需要挑选的，要和特种兵的画像和特征相结合。

特种兵的画像是"高、专、才"，即高度、专业、才能。特种兵的特征是"高效能"，即高业绩、高利润、高收入。

有了这个画像和特征，接下来，就是对外招聘和对内挑选了。

很多企业家有一个误区，总觉得从外部招聘人更方便、更好。最好的人才，其实来自企业内部。一般情况下，我鼓励企业家在内部建立机制，从内部挑选人才。

我在辅导企业的过程中，常常听到企业家说内部人才不够。但是当我们辅导企业建立了科学的晋升通道后，就会发现有很多人才冒出头来。往往这时候企业家自己都会惊讶，会感慨原来这些员工有这样高的潜能。

对内挑选，要打通晋升通道。这个通道又叫作五星评定。这部分内容我会在后文详细讲述。

五星评定配合的是员工的分类管理，针对基础团队和特种兵分别有一个评定机制，同样，对于战略特种兵也有相应的机制。

同时这些评定机制之间是相互打通的。比如一个基础销售员，连续两次被评为五星以后，他就有了挑战一星特种兵的资格。同样，一个特种兵销售员，连续两次被评为五星以后，就有了挑战战略特种兵的资格。

这样的晋升通道给了所有的销售员极大的信心和希望。

过去没有五星评定机制，员工对自己的职业发展和晋升之道是很迷茫的，因为再往上，销售总监、销售总经理只有一个，除了这两个人，其他人都是普通级别的销售员。这样的晋升制度是很压抑人的，没有太大的空间，人们看不到太多机会。

但是现在不一样了。建立了这个分层管理同时又相互打通的五星评定机制以后，员工想要上升到什么职级，可以自己努力争取，自己把握节奏；员工想要拿到什么样的工资，也可以自己说了算。这是一个令员工非常振奋的机制。

五星评定除了对员工进行分层管理，还能拆分出专业通道和管理通道。前文所说的从基础销售到战略特种兵是专业通道的晋升规律。当五星评定把销售和管理打通以后，基础销售可以晋升为特种兵，特种兵可以享有经理级别的权限和待遇，战略特种兵可以享有总监或总经理级别的权限与待遇。位子、票子、面子都给足了销售团队，员工凭借专业水准拿到了与管理者同级的待遇。这样一来，团队成员都觉得很有奔头，有了无穷的动力，想要努力往上攀登，不断提升自己的能级，获得更好的报酬。

第四功　精机制

管理机制是会直接影响到员工的。

一个差的机制，对员工不能有效地管理，让好员工变成"老油条""太上皇"；一个好的机制，能激发员工的积极性，让好的员工变得更好，好上加好。

对于特种兵，应该实行怎样的机制呢？很显然，特种兵的机制与基础销售员的机制肯定是不一样的，针对特种兵的机制，我们在前面要加上"精"字，"精"就是要精细、要科学。

企业需要人性化管理，需要有好的机制。好的机制能够鼓励员工提升专业技能，争取通过评定通关，变成特种兵。

特种兵的薪酬管理与基础销售员也是要区分开来的，特种兵有特种兵的能力要求，特种兵也有特种兵理应得到的待遇。那些通过五星评定、达到特种兵水平的销售员，开发的是大客户，带来的是大业绩，应该享受经理级别待遇；达到战略特种兵水平的，应该享受总监或总经理级别的待遇。员工会觉得这个管理机制非常公平、公正，同时也有提升的欲望。

总的来说，差的机制让好员工变成差员工，好的机制让好员工好上加好。因此，精机制是打造特种兵的"五指神功"之一功。

第五功　深通关

深通关非常关键，特种兵是需要通关的，而且要深通关。

通关是什么？通关是打造特种兵最好的方法。这么多年来，我们一直在对企业的销售团队进行特种兵通关，这是最科学、最好用的团队打造法。

通关一般分为两大模块。

（1）书面考试

书面考试的内容来自企业编辑的销售秘籍、项目真经等，考核员工对这些手册里面的内容是否透彻掌握。

销售秘籍面向全员，包含了成为一名合格销售员所需要掌握的四大知识：行业知识、产品知识、销售知识、客户知识等。

项目真经则是从大客户管理的实践经验中来，内容更深奥、更专业。

（2）现场模拟实战

现场模拟实战的题目范围很广，有如何招投标、如何开发大客户、如何处理客户异议等，凡是员工在工作中可能遇到的难题，都可以成为考题。

通过通关，对销售团队的成员不断地进行锤炼，可以提升他们的工作技能。同时，通关的目的也在于发现员工的不足，发现不足以后，拟定有针对性的培训内容，对员工进行深度辅导。培训辅导完毕后，再进行通关，发现不足，再培训辅导……这样一来，整个团队进入良性循环，员工的专业水平越来越高。

如果能够坚持用这套方法去考核与培训，员工的水平将会日益增长，经过一轮又一轮的通关、培训，最终能打造出特种兵，一个就能顶上十个普通员工。

我们经常听到企业家说，通关可以让他们的团队水平，甚至管理者的水平有效提升，一年通关顶过去十年成长。

我们也听到特种兵发自内心地感慨，认为这种通关提升了他们的专业能级，这是他们过去想都没想到的。以前干了十年都不如现在这通关一年。

总而言之，优架构、抓过程、高挑选、精机制、深通关，这"五指神功"，是我们在企业中践行已久、百试不爽，用来打造企业营销特种兵的真功夫。

通过这五指神功，我们的目标，就是为企业培养精兵强将，帮助企业培养"123"人才，一个人能顶三个人用，甚至能够以一顶百，以一顶千。

企业采取特种兵战略，培养出精兵强将，有了第一的团队，带来第一的业绩增长，最终成为行业第一也就指日可待了。

案例　三和国际之特种兵战略

三和国际成立于 1985 年，是中国丝网印刷行业的领军企业。丝网印刷目前主要应用在高科技电子产品上，如光电触控屏、电子电路、智能按键等。在改革开放初期，中国香港，以及日本、欧美各国的丝网印刷技术都已经很发达了，中国内地却仍是一片空白。三和国际集团的董事长张华从中看到了商机，从国外率先引进了先进的技术和器材，组建公司经营销售。

三十余年发展下来，三和国际已经成长为一家科技印刷产业顾问式系统服务商，主要服务光电触控屏、电子电路、智能按键等三大高科技行业。公司能够为中国乃至世界范围内的客户提供最优的产品组合（设备＋主材＋辅料）、标准参数制定与工艺流程改善、工人实操培训达标、客户主管驻厂与工程师跟线等全流程专业服务。公司已经具备了服务于大客户、深挖大客户，为企业创造更多利润的重要条件。

但是三和国际针对大客户的开发与服务却收到了这样的反馈：员工的专业度不能达到客户预期，在专业技术的支持方面做不到让客户百分之百满意；客户反映问题，员工的响应速度快，但是解决问题的速度却慢，客户体验不够好。此外，三和国际还发现，针对大客户的开发，员工往往只是对客户方的中基层人员做工作，结果在大项目上，中基层人员没有足够的拍板权，大订单不容易获得，出现大客户虽有、客户份额却占得不多的矛盾现象。大客户的开发不理想，折射出的问题还有企业内部员工的人均效能不高、进取心不够，员工的专业能级也不高，导致没有人有足够的激情和专业才能去对接大客户。

以上种种情况，归根结底，就在于三和国际没有对员工进行分层管理，缺乏特种兵战略，没有培养出专攻大客户的精兵强将！

基于这种情况，我们帮助三和国际导入了特种兵战略，为它建立了特种兵的胜任力模型，用来挑选特种兵的合适人选；打造了特种兵管理制度，打通晋升通道，形成了特种兵培养的长效机制。组织最终形成了完善的项目制运营模式，包括项目制管理、铁三角项目团队、项目方案包，建立了高质量、高效率、高价值的安全保障体系，实现了效益持续增长。同时，帮助它编写了项目真经，方便它对特种兵进行培养与考核。最后，我们还为它打造了特种兵管理制度，打通晋升通道，形成了一个培养特种兵的有效机制。

那些能够成为特种兵的员工，都是三和国际中德才兼备、值得信赖的高级营销人员，是销售精英中的精英。三和国际对特种兵、战略特种兵抱以厚望，对他们的定位是"突破目标大客户的先锋""项目方案包服务的尖兵"。为此，三和国际通过优架构、抓过程、高挑选、精机制、深通关，建立起了自己的特种兵团队。

在特种兵战略的激励下，三和国际的员工专业技能大幅度提升，综合素质得以加强，对待工作更有激情，对待客户更加自信和专业，一个特种兵的战斗力抵得过三个普通员工，整个团队面貌一新。同时，三和国际的项目方案包发展得更成熟，新客户开发的数量增多，大客户的开发、推进井然有序，大客户管理更为合理，赢得了客户更多的好评与信任。

三和国际的员工对特种兵战略有着切身的感受：

"发现自身存在很多不足的地方，比如在客户需求的把握、现场的沟通、会谈的控场等，以后会逐步提高自己，让自己更加有信心和能力做好本职工作。"

"在学习和对比了其他同事通关后，我总结了自己的不足之处，比如在项目方案包的价值呈现、与客户的互动等方面都要提升。所以，在今后的工作中，我要严格要求自己，努力使自己成为一名三和国际的合格特种兵。"

"在下一步的工作中，我们的特种兵、战略特种兵要带领团队积极主动展开训练，要赢得客户的信任，要把项目方案包往深里打，做到'1米宽，1000米深'。"

在三和国际员工的身上，体现了勇于进取，高标准、严要求，激励自己不断前行的精神力量。

第二节 终身客户战略

对于企业来说，客户是企业生存的根本，也是企业发展的源动力。客户为企业创造的效益，直接决定着企业的前途和命运。因此，企业对客户的管理非常重要，客户管理不仅是营销的一部分，更应该是贯穿整个营销过程的战略主线。

很多企业重视客户战略，提倡"以客户为中心"。其实所有的企业都必须做到以客户为中心，才能求生存、谋发展。但是如果想要成为行业第一，光做到这一点是不够的，更关键的是要为客户创造价值。想要成为行业第一，就要为客户创造比其他企业更多的价值，创造更能够匹配客户需求的价值。这才是客户管理中最具有挑战性、也最具有实际意义的部分。

终身客户战略就是遵循这种思路的战略，注重为客户建档、分类，观察客户，深挖客户，通过了解和研究客户的需求，发现客户的偏好、特性。在这个基础上，把企业内部的资源进行合理配置，精准营销，为客户提供更多、更有针对性的价值，让企业的产品和服务成功匹配客户的需求，全方位提升客户的满意度和忠诚度，把客户变成终身客户，变成"铁杆粉丝"。

我们相信，唯有那些采用终身客户战略，对客户进行科学有效的管理，绑定客户一辈子的企业，才能赢得企业的长远发展，才能拥有成为行业第一的根本条件。

一、客户管理三大痛

在当下的中国，很多企业在客户管理上有着以下三大痛点。

1. 客户做不大

这几乎是许多初创企业、小微企业的共同心病。

客户本身体量小、需求小、成交额低，这是一大痛点。客户财大气粗、需求大，但是企业拿下的只是小买卖，不能获得大成交，这是更痛的痛点。这两种情况导致企业看起来客户多，占有的市场份额却不大。

客户做不大之痛

二十年前，行动教育的董事长李践老师在昆明开设风驰广告公司时，就发现了客户做不大这样的痛点。

当时，红塔集团每年花在户外广告上的费用高达 6 亿元，是市场上的超级大客户。但是，专做户外广告的风驰公司每年从红塔集团拿下的订单居然只有 20 万元！

李践老师看到这两个数据之间的差距后，震惊极了。很显然，从 6 亿元到 20 万元，有着一块巨大的利润蛋糕，但自己拿到的却只是蛋糕渣！也是从这个数据差中，李践老师发现了必须把客户做大的经营关键。

把成交做大，维护好大客户，对企业来说至关重要。

在经济学中，有一个著名的二八定律。这个定律指出，在任何事物中，最重要的一部分只占很小的比例，也就是 20%。几乎所有的经济活动都受二八定律的支配，同样，企业的营销也遵从这一定律。

很多企业家都会发现，在销售中，80% 的利润是由 20% 的重要客户带来的，剩下的小客户尽管看起来数量多，但给企业带来的实际效益却很有限。

这就意味着大客户对企业的营销至关重要：大客户往往给企业带来大成交，大成交带来高利润。大客户自带光环，具有一定的广告效应，企业能与大客户达成交易，其他客户都会默认这个企业实力过人，给企业的营销活动带来极大的便利。

因此，智慧过人的企业家会想尽办法，组织人力集中火力去攻克 20% 的大客户，管理好大客户，维护好大客户，深挖其价值，让大客户发挥最大的效用。

然而，在现实中，因为客户做不大而痛苦，也因此在经营之路上历经坎坷的企业家仍然不在少数。

2. 客户容易流失

客户容易流失，这也是企业经营过程中的一大痛点。这个痛点反映出企业对老客户的管理存在不足，很难把客户跟企业紧紧地绑在一起。

对于一家企业而言，所有的营销活动总结起来无非是这样三点：获取客户，留住客户，从客户身上获得利润。在这三点里，"留住客户"是最重要的一点。如果企业无法让客户满意，无法留住客户的话，那么获取再多客户也只是"竹篮打水一场空"，想要获得更多利润只是空想而已。

更何况，"宁做老客一个，不做新客十个"。对各行各业的经营者来说，老客户的价值普遍高于新客户，而维护老客户的成本普遍低于获取新客户。

维护老客户的重要性

企业越大，越要注重维护老客户。因为做到一定量级的企业，数据的一个小小异动就能导致巨大的变化。

举个例子，假如公司每个月流失 3% 的客户，在只有 100 个客户时，流失 3% 也就是流失 3 个，这可能无足轻重，因为公司想想办法很容易重新获取 3 个新客户。

但是当公司的规模足够大时就不一样了。假如公司有 100 万个客户，3% 的流失率意味着流失 30 000 个老客户。想要获得 30 000 个新客户，就困难得多了。

在产品同质化严重的今天，企业面对的是成千上万的竞争者，维护老客户是非常有难度的；在老客户流失时，想要了解到真实的原因也是非常艰难的。

因此，企业有一套科学实用的客户管理制度就显得非常有必要。依靠制度，从一开始就做到科学管理客户、维护客户，最终锁定客户。

3. 客户没有转介绍

最好的客户，是"粉丝"型客户。今天我们身处互联网时代，客户的消费习惯发生了很大的变化，很少有人会再盲目地相信广告，反而更多地相信口碑传播。很多消费者在购买商品，尤其是大件商品前，会上网查资料、看评价。外出吃顿饭，也会先在网上看评分，找评价好的饭店。

这些行为都说明，对于企业来说，老客户的转介绍和评价越来越重要，甚至会直接影响到别的客户的选择。

挑剔的老客户是最好的客户

美国消费者协会通过调查发现，如果一个客户对一项服务或产品不满意，会导致该客户至少向 11 个人抱怨；同时，如果一个客户对产品或服务高度满意，至少会向 5 个人推荐。还有一项研究表明，客户不满意、提出抱怨，如果能够及时得到解决的话，95% 的客户会再次光顾，并且忠诚度也会大幅度提高。

这些数据说明，客户给差评的影响力远远大于他们给出的好评，并且给差评的客户如果被"感化"，他们对企业会更加忠诚。

有鉴于此，企业不能只顾埋头研发生产，而要高度重视管理客户，尤其要重视管理差评客户。当我们的企业缺少老客户的传播、老客户的转介绍时，一定要反思是否因为客户管理有失，导致老客户的评价不够理想。

通过有效的管理，把差评客户转变成好评客户，把老客户变成"粉丝"，让客户买了产品愿意发朋友圈、晒图、推荐给亲朋好友。如果老客户变成了企业产品的"粉丝"，他们是非常乐意推荐给别人、为企业做口碑宣传的。毫不夸张地说，老客户管理得好、老客户转介绍率高，企业就相当于培养了一批免费推销员。

二、企业缺乏终身客户战略

客户做不大、客户容易流失、客户没有转介绍，是企业经营中普遍存在的痛点。如何解决这些痛点？有很多企业，总会认为低价格对客户有吸引力，倾向于选择打价格战，采用"人有我廉"的打法来获取客户。但是，这种打法的效果难以持久，也很容易把企业拖入低利润、低效能的泥潭。

更有效的打法，是避开价格战，把重点放在了解客户的需求，为客户提供个性化的、优质的产品或服务上。终身客户战略就是这样的打法。我们提倡企业在客户管理上，采取终身客户战略，解决客户小、客户流失、客户没有转介绍的问题。

1. 针对客户做不大，需要对客户进行分类开发和管理

对企业而言，每个客户为公司创造的利润是不一样的，不同的客户有不同的价值。

如果企业对客户没有进行分类开发和管理，对大小客户"一刀切"，让他们享受同样的服务，那么大客户很容易产生心理上的不平衡，轻则抱怨，重则背离。如果这个时候竞争对手能为这些大客户提供更好的待遇，就可以轻而易举地把他们挖走。

而且，企业的资源是有限的，没有必要把企业的资源平均分配到每个客户身上，为所有的客户提供同样的产品或服务，否则，往往事倍功半，造成企业资源浪费、成本增加和利润降低。

分类管理为公司带来更多利润

IBM 公司原先的服务宗旨是向所有的客户提供服务，坚信他们都有可能成为 IBM 大宗商品和 IBM 主机的购买者，所以即便小客户也提供专业的销售人员且上门服务，即便赢利能力差的客户也为其免费修理旧机器。IBM 公司因此赢得了很高的美誉度，然而这是以公司牺牲利润为代价的。

后来 IBM 意识到，在短期内产生极佳效果的"令所有客户满意"的策略在长期并不可行。于是，IBM 公司果断地区别对待不同层次的客户，降低服务小客户的成本，并且向非赢利客户适当地收取维修费，从而使公司利润大幅上扬。

客户管理首先要做的就是采取有效方法，对不同价值的客户进行分类，明确各类客户的价值，并且以此为依据，合理地分配企业的人力、物力资源，为客户提供精准服务，培养客户的忠诚度。对方如果是小客户，派基础团队去开发管理；如果是大客户，就派特种兵团队，为客户提供更专业、更深入的服务。

2. 针对客户容易流失，我们要做客户的终身档案管理，锁定客户

客户分类以后，有一个重要的工作就是为客户建立档案。档案的内容要有针对性，分为基本情况和特殊情况等。把档案管理做得精细化、系统化，对工作会更具有指导意义。

获奖的茶水阿姨

2018 年 4 月 15 日，第 37 届香港电影金像奖颁奖大会在香港文化中心举行。大会给一位负责在片场端茶送水的阿姨杨蓉莲颁发了"专业精神奖"。杨阿姨从事茶水工作超过三十年，日常的具体工作其实很琐碎、很单调。她专职为剧组提供茶水盒饭，演员在拍完戏休息期间，杨蓉莲会提着篮子走进去，篮子里面装着印有演员名字的杯子和面巾，她会分别递给演员和工作人员。休息完毕，演员拍下一场戏，杨蓉莲离开后立即洗茶杯、续茶水，做好准备。

尽管是单调的工作，但杨蓉莲把工作做得非常细致。她为几百个明星端茶倒水，每个人的口味和习惯都不一样，可她能够清清楚楚地记得每个人的不同要求，冬天送上热饮，夏天送上冰饮，把这些人照顾得舒舒服服的。所有人都从心里感谢她、

敬佩她，给她颁发一个荣誉很高的奖项。

一个茶水阿姨能够因为记住并满足所有客户的特殊口味而拿奖，同理，如果我们为客户建立终身档案，把客户的资料记录得非常详尽、细致，营销人员在提供服务时也就会更有针对性，把工作做得更加出色。

3. 针对客户没有转介绍，满足他的个性和隐性需求，给他超出期望的产品和服务

客户没有享受到实实在在的好处，没有满足他个性的和隐性的需求，没有对客户进行分类、建档、管理，最终导致客户没有忠诚度。

这一切问题，都需要我们实施终身客户战略，建立打造终身客户的体系。

三、实施终身客户战略的五星服务管理

怎样实施终身客户战略？具体而言，就是为客户提供五星服务管理。

第三章　两大战略 ——左手抓好员工，右手抓好客户

1. 终身档案管理

一个新客户开发出来，我们就要有守住他一辈子、绑定他一辈子的决心。给客户建立终身档案是客户管理的基础工作。

过去我们给客户建档，都是普通的档案，留下姓名、电话、地址、微信号等。终身客户战略要求我们给客户建立详细的、持续跟踪的终身档案。比如，一个客户来了，他交易了多少次、消费了什么、有什么特别的要求，这些都是很容易得到的资料。

那么深挖下去，他有什么样的爱好，有什么个性需求、隐性需求，能挖出多少，就要记录多少。长期地、持续地跟踪下去，为他建立一个专属的档案，并且进行分析、归类、整理，有必要的话，还可以借助软件、工具来进行管理。

客户档案最大的作用，便是保证将准确的信息传递给营销人员。为了保证准确性，客户的档案管理需要按照以下原则进行。

原则一，档案管理是动态的，要随时保持更新

市场在变化，客户也在不断变化。要想做到知己知彼，应当随时了解客户的动态，有专人负责对客户资料进行收集与整

理，同时，也要定期对客户档案进行全面的整理和核查。行动教育近几年就在不断地要求工作人员开展客户档案管理工作，周而复始，形成一种良性循环，及时掌握客户的动态变化，方便营销人员跟进服务。

原则二，客户档案需要分门别类管理

分类管理中最基本的一点，就是需要关注大客户，这样有利于实现企业利润的最大化。因此，对主要客户的档案管理，不能停留在简单数据的记录上，而要深挖，做到多方面、多层次记录客户信息。有的企业对大客户进行亲情化管理，能够做到在节假日时送出问候，推出新产品时主动提示，就得益于平时对重要的大客户资料的深挖。

原则三，由专业人员进行管理分析

客户是企业的命门，客户档案是企业的绝密资料，对于客户档案的分析与管理，最好挑选认同企业的价值观、忠诚度高、有调查分析能力的资深员工承担。

建立了客户档案，记录和分析了客户的需求与偏好，对于营销人员来说，就是多了一双观察客户的"透视眼"，有利于他们高效了解客户，持续跟进客户，努力让客户满意，保证营

销目标的达成。

2. 5A 分类管理

现实中仍有很多企业缺乏对客户的分层分类管理，有的企业即使进行分层分类管理，但是划分标准很粗浅、很简单，做不到科学合理，也就做不到精准，给企业造成巨大的浪费。一方面，客户群体杂乱无章，企业对客户的了解不深入，辛辛苦苦开发来的客户却没有做到价值最大化利用，使客户资源被浪费；另一方面，企业的人力资源总是有限的，没有精细化的客户管理，就很难做到科学调配资源，很可能带来不必要的营销费用的浪费。

对客户我们建议从五个角度来进行分类。这五个角度分别是收入、利润、人均效能、诚信度、难易度。

越是精细化管理的企业，对客户的分层越细致，把客户从五星级（5A）到一星级（1A）进行划分。客户分层以后，企业按照客户的等级为之提供相应的服务，并且每个专职负责的销售人员都需要记录信息并归档。星级高的客户，销售员对他的拜访次数、联系频率、节假日买赠或打折优惠等，都要严格按标准进行。同时在服务过程中，需要努力帮助星级客户提升体验，深挖他的个性化需求。

做到了这些，就说明我们在客户科学管理这一块，能够做到有章可循、有规可依。

按照收入、利润，对客户进行分类，是大部分企业都在进行的，这里不再赘述。按照人均效能和难易度分类，是要挑选出那些能够给企业带来高效能的客户，或者开发难度较低的客户，销售去开发这样的客户，人均效能相应就高，这样的客户属于优质客户，值得企业多花精力去维护。

我们着重要谈的是，为什么要对客户按照诚信度来进行分类。

很多企业可能有这样类似的经历：本来做销售就不容易，还总有钱收不回来。造成这种问题的原因，就是企业对客户的诚信度管理有所缺失。如果对客户进行了诚信度管理，那么这个客户能不能与之交易，能不能合作，未来他会不会准时还款，这些问题都可以在交易之前就有所了解和判断。

市场上能够做到第一的企业，它不单是品牌、市场占有率能做到第一，相应地，它的风控能力也得是第一。否则客户的欠款、拖欠款就会给企业带来沉重的负担，成为企业发展极大的阻碍。

经过售前、售中、售后对客户进行诚信度管理以后，那些在诚信度方面排名前十的客户，就是值得企业锁定并定期维护的重点客户了。定期锁定十个客户后，不停地去研究这十个客户的一般需求、个性需求，就是企业接下来要做的重要工作。

我们要对客户实施终身战略，按照收入、利润、诚信度、人均效能、难易度对客户进行分类管理，是其中重要的一环。企业通过 5A 分类管理法，按照标准对客户进行分类，接下来就可以有的放矢地调配企业的资源，有所选择地开展精准营销。分类管理也方便企业进一步做到为客户提供个性化服务，满足客户的多元需求，全方位提升客户满意度，为企业带来发展的动力和源泉。

3. 智能语音系统管理

过去企业的客服一般都是设置呼叫中心，由客服人员来支持业务。后来发现人工客服需要大量的人力，而人力越来越贵，为了降低成本，渐渐地就有了自助式服务。客户提出简单的、基础的问题，系统能够自动回复，从而分流掉一部分客服工作。

今天我们身处智能化时代，得益于科技发展提供的便利，很多企业的呼叫中心已经升级为智能语音系统。客户打进电话进行咨询，系统能够提供智能化的反馈和服务。

在未来，这种智能服务将日益凸显出一个典型的特征——个性化。

在未来，企业能够给客户提供的服务将变得"千人千面"。当客户带着自己个性化的问题，带着自己的独特诉求来时，他所得到的也将是有针对性的、无微不至的服务体验。

4. 客户维析管理

客户维析管理是非常关键的。很多企业不明白什么是维析管理，没有实施客户维析管理。

所谓维析管理，是指维护加分析管理。企业一定要建立一个部门——客服部，专门研究客户的维析管理。要每个月专门出一个报告——客户分析报告。在这个报告中，要详细地描述在过去的一个月中，客户有多少在流失，什么在下降，什么在上升。

设专人专门对客户做分析、维护，然后紧跟着在每次月度经营会议的时候，企业根据维析报告指导销售的工作：针对流失客户，应该如何去"抢回来"；出现了购买量下降的客户，又应该怎么去维护，等等。

5. 客户生命周期管理

我们采用的是终身客户战略，既然是终身客户战略，企业一定要实施客户的生命周期管理。

什么是客户生命周期管理，它体现在什么方面？

客户生命周期管理，就是将客户管理分为三个阶段（见图5）。

图5　客户生命周期管理

（1）客户获取

这个阶段就好比一个人的出生阶段。一个客户被获取了，他就是企业的一个"新生"客户。

为了让客户顺利"诞生",在客户的获取阶段,我们有三个步骤:客户识别,客户开发和客户启动。

如果能精准地判断出谁是企业的客户,用科学的方法去开发,最后成功启动,这个客户就纳入了客户生命周期管理的第一步。

小米获取用户的创新之道

互联网时代非常具有典型性的公司——小米,早期获取用户的做法非常创新,甚至可以说,小米真正颠覆的不是手机行业,而是营销方式。

小米最先发布的是 MIUI 操作系统。创始人雷军提出:"要不花一分钱卖出 100 万部。"所以,当时的营销团队没有任何费用,只能选择最不花钱的手段——通过论坛做口碑。

在 MIUI 早期,团队成员天天泡在网上论坛里,注册了上百个账户,坚持在一些知名的安卓系统论坛里发广告,被封号了就换个号继续发,吸引用户关注。小米就是靠这种手段识别用户、开发用户,在第二个星期获取用户 200 人,第三个星期

400人，第五个星期800人……现在MIUI已经更新到第10版，用户早已破亿。

到了发布小米手机的时候，营销团队经费依然零预算。这次，团队先建立了小米手机论坛，在论坛上，设置了几个核心的技术板块：资源下载、新手入门、小米学院等。后来还增加了生活方式板块：酷玩帮、随手拍、爆米花等。

论坛成为小米用户的大本营，同时，小米论坛还配备了一个强大的线下活动平台"同城会"，覆盖全国大部分省市。不仅"同城会"自发搞活动，小米官方也会定期分析不同城市的用户数，然后举办"小米同城会"，在论坛上邀请用户报名参加。

小米的另一个宣传重地在微博，微信则是提供客服的场所，它把论坛＋微博＋微信等新型的营销工具变成了"吸粉""互粉"的主要武器。这种获取用户的手段，无意中开创了后来为人津津乐道的小米粉丝文化，也成为小米用户体验的独特之处。

（2）客户发展

客户获取以后，我们关注的是怎样给客户提供极致的服务，把客户的业绩提升上去，并且能够满足他的个性需求、硬性需求。这就是客户发展，客户生命管理的第二步。

小米用户发展的创新之道

如果说小米维护用户的第一个独特之处是纯靠口碑为产品"吸粉"，那么第二个独特之处就是让用户参与到产品的研发中来，给他们强烈的存在感。

最开始 MIUI 系统一吸引到 1000 个用户，小米就从中选出 100 个，让这 100 个用户参与系统的反馈、修改。后来更是持续以小米论坛为大本营，始终坚持管理和维护用户。

一方面，小米设计了很多工具，鼓励用户参与评测过程，比如每周开放一份体验报告，让用户选出最喜欢、最不喜欢的程序更新，小米官方再根据报告，奖励用户，给他们拍照、送礼品等。

另一方面，小米贯彻"全民客服"的理念，从雷军开始，每天花一小时回复评论。所有的工程师都需要按时回复论坛上的帖子，并且计入工作考核指标。在小米，平均每天每个工程师要回复 150 个帖子，用户可以明确地知道自己的建议是哪个 ID 的工程师在解决，什么时候能解决。小米在论坛、微博、微信等都设置了客服功能，规定 15 分钟内要迅速响应，用户无论是建议还是吐槽，都有小米的人员答复。

小米论坛里还有一个神秘的组织——荣誉开发组，简称"荣组儿"，是小米的粉丝用户的最高级别。"荣组儿"可以提前试用未公布的开发版，然后对新系统进行评价，鉴别新版本是好还是不好，甚至有权力说："'荣组儿'觉得这是一个烂版，大家不要升级。"这时，小米的工程师们就会特别紧张，然后尽快采取行动解决问题。

关于小米，雷军的话说得非常贴切："小米售卖的其实就是'参与感'。"小米就是一个真正站在用户角度解决问题，把用户体验做到极致的公司。

在互联网时代，像小米这样花上一半的时间去研究客户，再花上一半的时间让客户参与改进，是满足客户需求、维持客户增长的一种可行之道。

（3）客户保留

客户成交以后，客户成熟了，客户衰退了，客户要流失了，我们能不管吗？

不能！我们要通过开发一些新的产品，研发一些增值服务，重新挽回客户的兴趣，锁定客户一辈子。

小米用户保留的创新之道

对于任何一家公司来说，想要持续研发"让用户尖叫"的产品，持续提升用户体验，是一个巨大的考验。小米在疯狂成长之后，也需要深入思考这个难题。

时至今日，2010 年诞生的小米已经运营八年多了，在这八年中，手机市场上强有力的对手层出不穷，华为、苹果、OPPO、vivo，都在这个竞争白热化的市场上拼杀，小米手机的名声渐不如前。

出人意料的是，小米的做法再次突破了行业限制。它凭借手机产品获取了用户以后，趁势建立了两个平台：一个是移动互联网平台，另一个是电子商务平台。这两个平台给小米带来了非常广阔的发展前景。

在硬件方面，针对市场上用户的需求，小米推出智能网关。这种产品既是网关，又能连接、控制用户家中的智能设备，方便小米配套出售更多智能家居硬件，如门窗传感器、智能摄像头、智能插座、智能灯、空调伴侣等，从而成功地占据了智能家居领域的优势地位。

在内容方面，小米推出小米盒子，连接手机、电视、平板等装置，切入了新的内容市场，为用户提供内容服务。

通过这样的策略，小米的新产品层出不穷，用户有增无减，有效地锁定了用户。

从小米的成功，我们可以看到，一个真正从客户角度出发，完完全全为客户解决问题的企业，最终获得了怎样巨大的成就。

经营企业，像小米一样，采用终身客户战略，高效地获取客户，持续维护客户，成功锁定客户，为客户研发更多、更好的产品，把服务做深做细，这是互联网时代企业成为行业第一的必备武器。

案例　圣爱中医馆之终身客户制

圣爱中医馆成立于 2005 年 1 月 19 日，是一个集中医文化、中医医疗、中医养生、中医教育、中医研究于一体的全国中医连锁品牌。目前，已经在云南、湖北、四川、江苏、重庆等省市成立 30 多家分馆，年服务人数超过 200 万人次。

作为一个服务于大众的中医机构，圣爱中医馆以"一心为患者分忧，一切替顾客着想"为服务宗旨。

为了赢得顾客的口碑，董事长刘琼在第一家圣爱中医馆开业时推出了"免费看病，免费抓中药"的活动，连续7天7夜，保质保量地为顾客服务。开业第二年，一位小脑萎缩患者被送到了圣爱中医馆，患者年纪轻轻家境贫困，刘琼决定无限期为他免费看病，安排了多位老中医把脉会诊进行治疗。这事在当地被传为佳话，很多顾客主动找到圣爱中医馆求医问药。"免费看病，免费抓药"的活动，也成了圣爱中医馆新馆开业和周年纪念日一直延续的传统。

为了更好地服务上门的顾客，圣爱中医馆导入大营销管控体系，完善了客服中心的工作。在圣爱，客服中心是守城部门，有两大职能：一是顾客管理，根据顾客情况进行分层分类，建立档案管理和大数据管理制度。二是顾客维护，包括提供信息咨询、日常维护等。此外，圣爱把服务上升到一个体系，推进"七服务工程"，包括停车引导服务、四季大锅煎药服务、就诊引导服务、便民服务、等待服务、儿童游乐园服务及养生操服务等。

圣爱中医馆的董事长刘琼从小耳濡目染中医文化，明白中医的独特优势在于"既可治已病，也可治未病"，圣爱中医馆的创办源于"打造中医的平台，让更多的人服务中医，让更多的人享受中医服务"的"中医梦"。为此，圣爱开创了中医界的"顾客终身制"服务，凡是在圣爱就医办理诊疗卡的顾客，中医馆都会为之建立个人健康档案，长期记录顾客的健康数据，并实现系统内漫游联网功能。同时，随着就诊服务的深入和升级，顾客所能享受到的服务也逐步升级，如优惠让利、家庭卡、健康体检折扣、养老服务等。最终，形成了一个深度绑定顾客，为顾客本人以及家庭提供长期乃至终身服务的体系。

凭借着对中医药事业继承、弘扬与发展的愿望，对顾客服务的用心、真心与创新，圣爱创造出了独特的顾客管理模式，成长为行业标杆，最终收获了顾客的信任与依赖，也收获了行业的赞赏。

📝 **本章知识点回顾与练习**

1. 作为一名企业家，最需要关注两种人是 _____ 与 _____。针对前一种人，企业采取 _____，以实现他们的价值；针对后一种人，企业采取 _____，以最大化其价值。

2. 企业未采取特种兵战略之前，销售团队往往有着三大不足：_____，_____，以及_____，给企业经营带来困难。

3. 特种兵的画像包含了三个方面，分别是 _____、

_____、_____；此外，特种兵也是具备"三高"特征的人才：对于企业来说，他能创造_____，给企业带来_____，同时也能给自己带来_____。

4. 打造企业特种兵的"五指神功"是指：_____、_____、_____、_____和_____。

5. 在当下的中国，很多企业在客户管理上有着三大普遍的痛点：_____，_____，_____。

6. 针对企业经营中普遍存在的三大痛点，本书提出要采取终身客户战略的打法，具体而言，就是为客户提供五星服务管理，包括：_____，_____，_____，_____以及_____，从而锁定客户一辈子，实现客户的价值最大化。

笔记

第四章

三大体系

——大营销管控的科学架构

　　在大多数企业中，市场部、销售部、客服部这三大部门的边界不够清晰，体系不够健全。

　　有的企业忽视市场部，认为市场部就是一个"鸡肋"部门，有了看不到多少效果，没有好像也行；有的企业干脆连市场部都没有，让销售团队兼职做市场工作；有的企业忽视客服部，觉得客服部是个典型的"非赢利"部门，没有利润进来，所以舍不得给客服部资源；甚至有的企业连销售部都组建得不够科学系统，管理失效，新员工"放羊"，老员工变"老油条"，管理者变"山大王"，整个团队业绩低迷，难以改善。

　　那些真正做到行业顶尖的企业会发现，要想做好营销，这三大部门缺一不可，每个部门都要抓好。

　　这三大部门中，市场部的作用是方向，销售部的作用是攻城，客服部的作用是守城。缺了方向，攻城的部队只能乱打仗；缺了守城，辛辛苦苦攻下来的客户轻易流失，企业越做越小。这样的企业怎么可能做到行业第一呢？

　　因此，企业应建立科学的大营销管控体系。

　　大营销管控体系强调建立市场部，搭建市场管控体系；建立销售部，搭建销售管控体系；建立客服部，搭建客服管控体系。三大体系有机结合、协同作战，使企业的营销活动方向明确、打法精准、成果卓著。

第一节　市场管控体系

对企业的营销活动来说，市场部的作用非常重要，主要体现在以下两点。

1. 市场部可以为营销活动提供方向

通往成功的第一步是选择正确的方向。方向正确与否，基于企业是否对行业、对竞争对手、对客户，甚至对企业本身经过了深入的调查，而承担调研之责的正是市场部。市场部的主要工作就是去调研、去发现，以充分的信息和对市场的敏锐观察为依据，为营销活动指明方向。

2. 市场部也是营销活动的武器

市场部离客户近，离市场近。市场部掌握的一手信息与资源，是营销活动的弹药。市场部进行品牌策划与推广，也是助力营销活动顺利开展的重要保障。

因此，建立大营销管控体系的第一步，就是搭建与完善市场部，发挥市场部的四大岗位职责。

一、市场调研

市场调研是市场部的第一个岗位职责。

在这个信息化时代，最有价值的就是信息。谁有更多、更准确的信息，谁就有更大的胜算。调研市场就是掌握信息的重要手段。一般而言，对市场的调研分为四个维度。

1. 调研行业

调研行业的目的，在于了解市场环境，掌握最基本的信息。

无论是做服装的、做教育的，还是做餐饮的，最起码，管理者要了解这个行业的政策、动态、规模、市场容量等情况。

很多企业家都喜欢对我说,老师我要做第一。想要做第一,那么这个行业的规模是多大?这个行业每年的增长率是多少?这个行业的未来发展趋势如何……这些问题的答案都清楚吗?不要停留在口号上,口号是无效的。要做第一,我们一定要从调研入手,做到对行业的情况胸有成竹。

2. 调研客户

企业要了解客户,不只是了解客户的一般需求,还要了解客户的个性需求、隐性需求,以及客户和公司合作的具体模式,还要为客户建立终身档案,跟踪、绑定客户一辈子。

调研客户、绑定客户,用这种思维去经营客户,企业才有可能做到真正意义上的第一。

3. 调研对手

"知己知彼,百战不殆。"对手推出了什么产品,有哪些营销策略,对手和我们相比有什么差异化的打法,这些都需要调研清楚。

对手是我们最好的老师。调研和分析对手,把对手的战略和手段看懂、看透,取彼之长,补己之短,这实际上也是一种学习和提升。

同时，看得见的对手要调研，看不见的对手也要注意。在互联网时代，网店冲击实体店；在社交媒体时代，微店冲击网店；到了人工智能时代，市场还会有怎样的颠覆？想要做出准确的预测和判断，就需要以充分调研为基础。

调研是市场部的第一职责所在，调研不充分，应对不及时，企业就有可能面临决策失误的风险。

4. 调研自己

调研自己，是了解自己的产品。

我们每推出一款新产品，它的市场情况，以及客户反馈等信息，需要我们不仅了如指掌，还要能够站在客户的角度去解决问题、改进产品。用小米雷军的话来说，就是要把客户当成朋友，一款产品推向市场，客户反馈出来的问题，我们要用帮助朋友解决难题的态度，去更新和改进产品。

行业、客户、对手、自己，这四个维度的调研，无论哪个企业抓营销，都需要抓得紧紧的。根据调研的情况，企业形成月报、周报，用来指导具体的工作，这是市场部必须要做的。

很多企业的市场部没有意识到这个职责，没有担负起这个职责。当一个企业没有市场调研，没有清晰的月报、周报的时候，就意味着销售团队在乱打仗，因为销售团队可能并不清楚要开发什么客户；而且在制定销售目标的时候，很难做到定标清晰，因为缺乏科学的、精准的市场调研作为凭据。

就像打仗一样，如果不进行科学的调研，没有清楚地了解对手和阵地情况，管理者就会瞎指挥、乱指挥，最后导致营销资源浪费，无缘无故多出很多成本。

二、产品研发

市场部的第二个岗位职责是产品研发。

这里的产品研发与生产部门开发、生产产品是有所区别的。生产部门的产品研发落在具体的行动上，而市场部的产品研发落在战略层面，聚焦于研发公司的新产品和尖刀产品的概念，研发产品组合模式，针对客户的个性需求提出增值服务的开发需求等。

产品这一块，企业要打造的重点是产品组合，用组合拳的思路，为客户提供一揽子的组合产品，满足客户的隐性需求。

想要赢得未来，企业还要研究增值服务。也就是说，产品研发不仅仅局限于研发产品本身，还要研究未来能够满足消费者个性需求和隐性需求的增值服务。因为增值服务占比越高，企业越值钱。想要做到第一的企业，一定要对增值服务进行深入研究，打造极致的、顺应时代发展的、能满足客户需求的产品。

组合产品和增值服务的研发必须靠市场部的人员来做。此外，我想要强调一下定价，定价是一个很重要的战略，商界甚至用"定价定天下"这句话来突出其重要性。

值得注意的是，很多企业把定价权放在销售部，这其实是错误的。销售部既定价，又执行价格，政策的制定者和执行者是同一个部门，就容易出问题。因此，定价权应该分离出来，划归到市场部。

定价是一个产品推向市场的策略。市场部应根据产品的研发，推算出价格，然后由市场部牵头，联合几个部门成立定价委员会，最终定出价格。能给到销售部的权力，只能是价格的审批权限。不同职级的销售经理所拥有的审批权限是不一样的，总经理享受几折，副总享受几折，区域经理享受几折，这些权限根据岗位的不同而有所变化。还可以根据客户分层，不同的客户享受不同的折扣，这些可由销售部制定。

三、品牌策划

市场部的第三个岗位职责是品牌策划。

很多公司有独立的品宣部门，其实品宣部门的岗位职责就是品牌策划。品牌策划包括公司的 VI、公关、广告、品牌等的策划。产品需要品牌化，品牌策划就是让企业的产品变得更加有魅力，获得更多客户的认可，更加具有市场的传播力。

四、市场推广

市场部的第四个岗位职责是市场推广。

市场推广是为了配合销售所做的推广活动，一般来说，包括线上推广和线下推广。线上推广利用新浪微博、百度贴吧、微信公众平台等；线下推广包括召开论坛、沙龙、展销会、促销会、答谢会、发布会等，以及举行各种促销活动。

总的来说，市场部指明方向，提供武器。如果企业没有这个方向和武器，内部的管理就会出乱子。

比如说企业想要开分店，应该怎样选址？发展几个经销商或代理商？组建多少人的销售团队？如果企业没有一个科学的市场调研或者预判，就会盲目布局，造成成本和人员的浪费。

比如说销售目标的制定，如果企业没有科学的市场调研，没有准确的市场预测，又怎么确认定下的目标科学不科学？目标定低了怎么办？定高了怎么办？这不就陷入前述的"四拍"现象吗？因此，市场部太重要了，尤其是市场调研、产品研发，这些都是很重要的职责。

一般情况下，我在辅导企业时，做的第一件事情，就是先让企业把市场部成立起来。如果公司大、有人手，就成立部门；如果公司小、资源紧缺，最起码也要拨出一个人来，专人专职做市场部的工作。

我在辅导的过程中，经常手把手教企业怎么做调研、怎么做推广，因为这是必须要做的，不做这些，销售团队就会乱打仗、乱布局。

有了方向和武器，我们在组建销售部的时候，才能更加科学。

第二节 销售管控体系

公司的第二大体系，就是销售体系，销售体系对应的是销售部。

几乎每家企业都有自己的销售部门，但"有"不一定代表"优"，不一定代表"科学"。

中国企业的销售分很多种，有经销商、代理商和加盟商销售制，有大客户项目销售制，还有电子商务销售等，但是，很多企业的销售管理还只停留在业务线，只盯业绩。

所谓业务线，就是这样的体系：分公司、门店、大区……然而，销售其实是有两条线的：一条叫业务线，还有一条叫职能线。

很多企业家或销售部的管理负责人觉得销售部将业绩完成了，工作就完成了。其实不是这样的，完成业绩只是销售部管理负责人的第一要务，他还有第二个任务，就是要承担管理的职能。也就是说，不但要完成业绩，销售管理也必须抓起来。企业的发展是讲求均衡的，业绩要抓，职能也要抓；销售要抓，管理也要抓。双管齐下，齐头并进，两条腿走路才能走得稳当。

我研究过许多做到第一的中国企业，发现它们一定是双手抓的。不但业务做得强，更重要的是职能管理也做得好。

如果企业忽视了销售部的职能管理，那么各个团队、各个分支、各个区域就会各自为政，各行其是。哪个团队管理者水平高，这个团队业绩就好；哪个团队管理者水平差，这个团队业绩就差。为什么会导致这样的状况？就是因为总部忽视了职能管理，没有给团队职能上的支持。

一、"五乱"现象

如果企业的总部业务强而职能管理弱，会导致"五乱"现象。

1. 报备乱

就是客户信息报备乱。因为总部没有建立大数据，没有 CRM 系统，没有对客户进行管理，导致销售的客户信息报备一片乱象。

要知道，未来是大数据时代，十年、数十年以后，企业需要依赖互联网和 IT 建立自己的大数据，凭借大数据来让自己更有价值。

大数据从何而来？通过报备而来。客户的每条信息都要求我们很认真地去对待，把报备做好。行动教育这几年在做一件事情，就是全国所有的销售伙伴要将所有的客户信息重新报备，任何一个电话、一个地址都不允许错误，因为数据太重要了。客户报备，从一开始就要规范，从销售部管起。

2. 开发乱

如果一个企业的销售是这样的：北京的销售员开发广州的客户，广州的开发天津，天津的开发重庆，重庆的实在没有地方就跑到拉萨去开发。

这样的乱开发意味着公司的总部根本没有职能管理，没有统一的规划，没有科学的客户管理。

3. 价格乱

许多企业的价格很乱，因为总部的定价机制是乱的，定价权在销售部，导致政策的制定者和执行者是同一个人。

这样一来，经销商、开发商的价格是乱的，每个门店的价格是乱的，甚至每个管理者对应的权限也是乱的。我见过很多企业的管理者有很大的折扣权限，而且不同层级岗位的人掌握的折扣尺度都不一样，这样一定会出问题。

如果企业产品的价格混乱，这家企业不可能做到第一，给客户的第一感觉就是很不规范。科学管理的企业，产品应该一个价，统一口径，统一规划，不给客户留下价格混乱、不可信任的印象。

4. 管理乱

总部没有管理、没有统筹、没有职能划分，在管理上就会出现各种乱象：管理者与员工私下里分提成，员工乱分单……老板根本不知道。这样的混乱状况，好比一盘散沙。

一个企业，如果用人来打比方的话，总部就是人的脑袋，分公司是屁股。没有职能管理，就好像大脑没有发挥作用，屁股决定脑袋。这个企业的发展状态就可想而知了。

5. 客户乱

客户乱的表现有：客户投诉无门，不知道找谁投诉；客户的对接也乱。要知道不同的客户，由不同的销售员去对接，结果是不一样的。客户如果没有做到分层、分类管理，比如一个大客户，如果让一个新员工去对接，就很容易流失这个客户。

很多企业家都很聪明、很勤快，特别是中国的民营企业家，可以说是全中国最勤奋的一个群体，但是为什么很多民营企业做不大、做不强？一个终级的原因，就是因为管理不科学，导致企业的发展受限。

古代有"五胡乱中华"，今天有"五乱乱企业"。中国的民营企业家想要做大做强，就要治"五乱"。要有做第一的梦想，实现梦想的背后，就要有一套科学的方法，销售部的组建就是其中重要的一环。管理企业要双手抓，不但要抓业绩，也要抓管理；不但要抓过程，也要抓结果；不但要抓业务，也要抓职能。

从现在开始，企业必须有一个部门，这个部门不再是单纯的销售部，而应该是销售管理部，要承担销售部的三大岗位职责。

二、销售管理部的三大岗位职责

1. 销售管理

销售管理部的第一个岗位职责，就是销售管理。

销售管理重点要做好六件事情，我们称之为"六个一工程"。

一个健全

指的是健全相关的销售制度及流程，如销售的日常报备管理制度、价格审批流程等。

一个完善

指完善员工的晋升通道。员工的晋升有两个通道：一个是专业通道，另一个是管理通道。打通员工的晋升通道不仅是人事部门的任务，销售管理部也要参与其中。

一个研发

指研发企业的销售秘籍、项目真经、客服宝典等。针对基础销售，要研发销售秘籍；针对项目型销售，要研发项目真经；针对客户管理，要研发客服宝典。这些都需要由销售管理部来主导。

在销售秘籍里面，我们要把每个销售人员需要掌握的与销售有关的基础知识，特别是行业知识、产品知识、销售知识等，全部编进来。

这三个手册，将成为在通往行业第一的道路上，专属于企业的加速器。

一个研究

指研究销售策略，例如，怎么开发新客户？怎么把客户做大？怎么把客户守住一辈子？这是对客户策略的研究。

一个监控

指过程监控。总部要建立一套科学的日常管理体系，不管员工是拜访客户，还是打电话，甚至是门店店面销售，每个员工每天的表现，总部都要清楚。

一个评定

指五星评定。所有的员工都要纳入考核范围，开展五星评定。

以上六件事就像树根，树能不能长得很高，取决于"六个一工程"做得扎实不扎实。

我在辅导企业时重要的一项工作便是帮助企业把这"六个一工程"做扎实。"六个一工程"基本上把销售管理的各个方面全都涉及了。所有销售型的企业，无论是门店、经销商、代理商、加盟商，还是项目式开发，如果"六个一工程"做得不扎实，就会导致执行力差、部门职能管理弱；业绩今年增长，明年下降，状态难以稳定；员工不停地招进来，又不停地离职；客户难以维护，公司做不出大业绩。

很多企业只顾眼前，觉得只要抓业绩，无须做销售管理。但是，没有大管理哪来大业绩？没有大业绩哪来大结果？这个大管理，就是指销售管理。"六个一工程"做得扎实，企业就能如虎添翼，快速发展。这是我在企业里做了这么多年，带兵打仗，总结和提炼出来的。

2. 项目销售

销售管理部的第二个岗位职责，是项目销售，项目销售也就是大客户管理。

在大客户管理这一块，过去很多企业没有区分大客户，客户没有分层管理，所有人都可以开发。

现在不一样了。现在有了特种兵，推行特种兵战略，在公司的总部，还专门组建了总部的战略特种兵。

那么这群特种兵的管理机制该怎么建立？这群特种兵该怎么管？这群特种兵开发的客户，该怎么管？我认为，总部在销售部下面，必须有专门的人负责，具体工作是统筹和协调大客户开发，提出行业解决方案，必要时对特种兵提供支持。

如果这一点做不到的话，就没法有效地实施特种兵项目销售的策略。

3. 销售大学

销售管理部的第三个岗位职责，就是人才的复制和培养，我们把它叫作销售大学。

企业想要做大做强，特别是销售型的企业，需要建立属于自己的销售大学。建立销售大学，不只是人力资源部的事情。很多企业总觉得员工的招聘、培训都应该是人力资源部去做，这个观念是错误的。

准确地讲，应该谁用人就由谁招。多年以来我自己在组建销售团队的时候，就是这么干的。包括员工的培训也是这样的，人力资源部只起协助作用。

基础员工的招聘和培训，人力资源部可以去完成；专业销售团队就要由销售管理部负责人亲自招聘、亲自培训，由人力资源部协助。这一点非常关键。

所以，关于专业销售团队的招聘和培训，特别是整个销售培训的专业化，以及怎么组建销售大学，应该由总部的销售管理部来统筹，人力资源部起协助作用。

第三节　客服管控体系

我们再来看看第三大体系——客服体系，客服体系对应的是客服部。

每次当我在课堂上讲到这个部门的时候，很多学员，包括企业家、管理者都不以为然，认为客服部有什么好讲的，很多企业甚至根本就没有这个部门。我可以这么说，企业真的想要做到第一，在行业里领先，如果非要看这个企业里哪个部门更重要的话，那就是客服部了。

为什么是客服部？客服部是负责对客户进行管理的部门。

客服部对客户的管理与销售部是有区别的，销售部是"攻城"，是开发新客户的部门；客服部则是"守城"，是维护和管理客户的部门。客服部在很多企业里叫作客服中心，如果采用终身客户战略的话，那么这个部门也可以叫作终身客户部，或者说终身服务中心。

我在企业里干了二十年，对于我来说，客服部的管理占了我很多时间。因为客服部管得好与否，直接关系到公司的客户能不能变成忠诚度极高的终身客户。

客服部具体该怎么组建呢？公司大可以成立部门，公司小可派专人负责。不能因为公司小，这个工作就没人做了。"麻雀虽小，五脏俱全。"市场部、销售部、客服部，这三个部门对于一个公司来说是非常重要的，公司再小也需要专人专职。

客服部一般有两大岗位职责：客服管理和项目维护。

一、客服管理

客服部的第一个岗位职责是客服管理。客服管理对应的是前述的终身客户战略，重点做五件事。

1. 客户的分层分类管理

企业要把所有的客户分层分类，按照金额分、收入分还是按照利润分，或者按照客户的诚信度分，每个行业、每家企业分类的标准是不一样的，但是企业一开始一定要实行客户的分层分类管理，对于不同级别的客户，给予他们不同的权益。

这是一定要做好的，这样才能指导我们的销售去开发客户，给客户相应的待遇及应享受的服务。

2. 客户的档案管理

企业要对客户建档，特别是大客户，应用终身客户战略，建立终身客户档案。

3. 大数据管理，建立 CRM 系统、呼叫中心

CRM 系统是指客户关系管理系统，呼叫中心负责客户的投诉、下单、理赔、仲裁等。

4. 客户维护分析管理

每个月我们都要做客户分析报告，这就相当于销售部每个月要做销售月报一样，客服部每个月要出客服月报，指导销售开展工作。

在这个客户分析报告里，客服部需要分析在过去的一个月中，企业有哪类客户在上升，哪类客户在下降，哪类客户在流失，哪类客户有异动，用来指导销售部及市场部，甚至其他部门开展工作。

5. 客服相关流程制度管理

对客服人员日常应该如何管理？如何提高客户的满意度？如何处理客户的投诉和理赔？如何主动回访？这些客服机制我们全部要加以梳理。

二、项目维护

客服部的第二个岗位职责，就是项目维护，也叫客户维护。企业的一些大客户，应有专门的人员进行维护。

很多企业家会想，都是销售员在开发客户，为什么还找专门的人维护呢？

这是因为，销售是"攻城"的。销售员手里有许多客户，他既要开发又要维护，维护工作大多又是常规的细节工作，这些工作会占用销售员太多的时间。

其实销售员应该把更多的精力、时间扑在新的战场上。如果一个销售员把精力大都扑在客户的投诉理赔、日常维护上，势必会影响他对新客户的开发。一个公司新客户的开发受到影响，这个公司的业绩增长必定会受到影响。

所以销售员应该把更多的时间扑在新的战场、开发新的客户，企业要考察他的是新增业绩。当客户成功开发后，再由客服部来维护。

当然，客户维护并非跟销售员没关系。业绩归销售员，提成算给销售员，这个客户销售员也要管。本来每个月这个客户可能需要销售员去八九次，现在可以少去几次，去个两三次，涉及销售工作的，还是销售员去做，日常维护、投诉处理等则交给客服人员来处理。

我们可以根据客户的大小分类，把小客户都纳入呼叫中心，由基础客服管理团队对接。大客户再进行分类，足够大的客户成立专门的维护团队。如果客户特别大，甚至还要建立项目组，跨部门协作，来对客户做全方位的维护。

每个企业都有很多大客户，但是很多情况下，对客户的工作却并没有做深、做透。那么怎么才能做深、做透呢？项目制管理就是一个很好的方法。

项目制管理就是随着客服部的组建，一方面做好客户管理，另一方面用项目组的方式把大客户的工作做深、做透。

根据客户的大小、客户的行业属性，我们可以通过项目制，对客户进行深层绑定。

第一种绑定方法是"铁三角"法。企业专门拨出三个人，这三个人分工各不相同，销售、技术、维护都要有，互相组成团队绑定一个大客户，进行贴身服务。

第二种绑定方法是"1+N"法，企业专门针对一个项目，设立一个项目经理，然后再拨出若干人手，专门负责这个项目的运作。

如果是超级大的客户，我们还有第三种绑定方式——"驻站式"，就是把客户办公室当作自己的办公室，与客户同吃、同住、同工作。实施"驻站式"时，项目存在则这个团队存在，项目中断则这个团队就撤销。

这种项目制管理，正是客服部"项目维护"职责的体现。

在这些项目组里，也要建立和完善各种机制。比如激励机制，如果成交额上升了，就要奖励这个项目团队；如果与前几个季度相比成交额下降了，就要进行问责。这样一来就有了配套的激励机制，督促项目组把工作做深、做精、做透。

建议企业都应该这么干，因为这样干才能更好地区分客户，提高客户的忠诚度，最关键的是提高客户的回购率，以及把客户变成终身客户。所以说客服体系的搭建，在整个大营销体系里面，非常重要。

三大体系——市场体系、销售体系、客服体系，构成了一个铁三角。这个铁三角构成了一个牢固的大营销体系，助力企业做到行业第一。

案例　三和国际的三大体系建设

三和国际是一个有着 30 多年发展历史的老牌企业，但它又有着开放进取的精神，不断创新，把这套大营销管控体系落到实处，管理效能得到了大幅提升。

1. 经营中的困境：人才流失，业绩下滑

1993 年，三和国际的一个高管带走了企业在四个办事处的全部员工，并且扬言要在三个月内取代三和国际，因为他们

掌握了供应商、客户、技术，觉得自己有能力去当老板、去创业。尽管最后他们失败了，但这对当时三和国际的冲击和影响很大，导致营业额急剧下滑。同样的事情在 12 年后又再次发生。2005 年，又有个高管带领了十多个分公司经理出走，让企业再次陷入非常被动的局面。从那次后，张华董事长开始反思：为什么一次又一次发生这样的事件？

对于一名科技公司的企业家来说，员工是伙伴，也是学生。员工的"出走"给企业经营造成困境，同时也给企业家带来精神上的打击。我和张华董事长第一次见面，就深感他对这件事的困惑及思考。他苦恼于老员工的"出走""叛变"，一度考虑停止经营，但又觉得有愧于公司在职的员工，感到对他们还有着不可推卸的责任。

当时，由于整个经济形势低迷，一年之中，三千多家上市公司中有 10% 的公司营利在 1500 万元以下，许多公司基本上不怎么挣钱，甚至出现了倒闭潮、失业潮。在这样的大环境下，三和国际也面临着业绩下滑、利润降低等极大的挑战。

2. 调研发现问题：企业缺乏职能管理

在这样的情况下，张华董事长提出"二次创业"的倡议，决定从头开始，寻找解决问题、创新管理的良方。在听了很多课、请了很多导师、感觉效果并不明显之后，他走进了"大营销管控"的课堂。听完三天的课程之后，张华董事长由衷地感慨：这就是他想要的解决之法，是他最需要的课程。课后他很快就与我们约定了方案辅导班和入企辅导的服务。

我们紧接着对三和国际进行了深入的调研。调研下来，发现这个企业存在着一些非常普遍的问题，仅在三大体系的构建上就不够科学。

（1）虽然有市场部，但市场部的四大职责很模糊

- 在调研方面，市场部缺乏对市场的深入调研，没有从事调研的专业人员，自然也没有每个月实时观察市场、反映市场情况的月报。市场部对销售部的支持少，对客服部的配合也少。

- 在新产品研发方面，市场部提供给产品部的信息不够充分，导致产品部对市场的响应速度慢，新产品研发不够及时，缺乏产品质量的监测与反馈，企业的种种举措落后于市场节奏。

- 在品牌策划方面，企业没有形成统一的、可以推广到全国范围的品牌与标志。

● 在推广方面，虽然建立了自己的论坛，却没有自成体系。

（2）销售体系存在缺失，职能管理很弱

例如，制度不完善，新员工的入职手续、老员工离职前的交接工作都杂乱无章。激励机制不科学，员工的提成计算方法复杂且不透明，有的员工基本工资一样，但是提成算法却不一样，激励机制缺乏"激励"作用。没对销售策略进行研究，没有可供学习的销售秘籍，缺乏过程监控，晋升通道不够合理等。

（3）客服体系不健全

三和国际对客户没有实行分层分类管理，对大客户缺乏有效管理。对客户反映问题的响应速度虽快，解决速度却慢。而且，在开发大客户时，仅着力于客户企业的中基层人员，忽视了对客户企业高层人员的管理与维护。

总的来说，三和国际最明显的问题，就是虽然有市场部、销售部，但是欠缺职能管理，导致存在人才频繁流失、业绩下滑、流程混乱等许多问题。

3．导入大营销管控，获得高度好评

针对三和国际的现状与问题，我们辅导企业专门成立了营

销管控中心，强化对营销的职能管理。

（1）市场体系建设

- 建立了针对市场信息进行管控的机制。
- 建立了专门针对新产品研发的科学体系。
- 建立了覆盖线上、线下的推广方案。

（2）销售体系建设

- 建立了针对人才的招、培、管、评、留等各项管理制度。
- 完善了员工的职业发展通道。
- 帮助研究销售策略。
- 研发了销售秘籍。
- 导入了 4×5 过程管控。
- 建立了五星评定通关的考核体系。
- 完善了大客户开发管理。
- 建立了覆盖新老员工的销售培训体系。

（3）客服体系建设

- 对客户进行分层分类管理。
- 对大客户进行绑定跟踪管理。

通过三大体系的建立，公司及时掌握了行业发展动态和方向，占领了市场先机；员工更专业、更敬业，有效推动了业绩持续增长；客户满意度大幅提升，客户更信赖三和国际，把更多的订单交给三和国际。

案例 四川南格尔生物医学股份有限公司的三大体系建设

四川南格尔生物医学股份有限公司（以下简称"南格尔"）是国内输采血器械领域生产规模最大、技术装备精良、产品市场份额最多的领航者，主要生产一次性使用的III类医疗器械设备及耗材，终端客户为浆站、血站、生物制品单位和医院等。

南格尔旗下的产品可以分为器具、设备、药品三大类，对应浆站、血站、医院这三大渠道，建立了三个事业部，各事业部分别拥有自己的生产线，也有自己的销售团队，采取产品＋销售一体化的方式进行运营。

久而久之，在三大体系的建设方面，公司总部逐渐大而全，但是缺乏管控体系，职能管理薄弱，随之而来的是各子公司的销售模式与策略不统一，销售人员的薪酬标准不统一，考核标准不清晰，销售业绩增长乏力等问题。

我们在调研之后，建议南格尔改变产销一体的经营模式，对原来各自运营、产品销售一把抓的三条事业线进行改组，让生产和销售分离开来，具体的工作如下所述。

1. 在市场部，我们强调"悟性"

形成了月报制度，建立起行业第一个市场情报体系；在产品研发上，强调尖刀产品、组合产品的研发策略，把定价权收归市场部；在品牌策划上，提出了进行 VI 设计、广告、品牌建设等；在市场推广上，线上、线下相结合。

2. 在销售部，我们强调"激情"

首先，我们把三个事业部的生产分离出来，划归到生产部。针对销售，另外组建了三个销售子公司，并且在总部建立了销售总部，由总部强化对销售的管理职能。其次，在强化销售管理方面，我们进行了健全管理制度、完善晋升通道、编写销售秘籍、研究销售策略、导入过程监控、开展五星评定等工作。同时，完善了大客户管理工作，在销售特种兵的培养、统筹、支持、协作上予以配合，并完善了销售培训流程，争取实现"369"——3 个人拿 6 个人的工资，干 9 个人的活。

3. 在客服部，我们强调"耐心"

深化了客服管理，做到客户分层分类建立档案，建立大数据管理，每月提交客服分析报告，制定投诉理赔制度，完善客户维护工作等。

南格尔是一家产品研发力量非常强的公司，投入市场的所有产品均为自主研发。在具体的工作指导上，除了帮助其优化职能、强化业务，我们还提出了要做深、做精产品，南格尔因此提出了将 2018 年定为"品质年"，进一步抓好生产与品质监控。

本章知识点回顾与练习

1. 大营销管控体系强调，在企业内部，需要建立市场部，搭建 _____；建立销售部，搭建 _____；建立客服部，搭建 _____。这三大体系只有有机结合、协同作战，才能使企业的营销活动方向明确、打法精准、成果显著。

2. 对企业的营销工作来说，市场部的作用其实非常重要，主要是为营销活动提供 _____ 和 _____。

3. 信息化时代，最有价值的就是信息，谁有更多、更准确的信息，谁在竞争中就有更大的胜算。调研市场是企业掌握信息的重要手段，也是市场部的第一个岗位职责。一般而言，对市场的调研分四个维度：＿＿＿＿＿＿＿＿＿、＿＿＿＿＿＿＿＿＿、＿＿＿＿＿＿＿＿＿、＿＿＿＿＿＿＿＿＿。根据这些调研的信息，形成企业的市场调研周报、月报，用来指导企业具体的营销工作。

4. 除了调研市场，市场部的四大职责还包括 ＿＿＿＿＿＿＿＿、＿＿＿＿＿＿＿、＿＿＿＿＿＿ 和 ＿＿＿＿＿＿＿＿。

5. 很多企业的销售还只停留在业务线上，只盯业绩。

其实，销售是有两条线的，一条是业务线，还有一条是＿＿＿＿＿＿＿＿＿。

完成业绩只是销售部管理负责人的第一要务，销售部还要承担 ＿＿＿＿＿＿＿＿，否则就会导致企业出现 ＿＿＿＿＿＿、＿＿＿＿＿＿、＿＿＿＿＿＿、＿＿＿＿＿＿、＿＿＿＿＿ 等"五乱"现象。

6. 客服部是 _____ 的部门，是"守城"的部门。公司的客服部打造得好与否，直接关系到公司的客户能不能变成忠诚客户。

第五章

四大系统工具

——成为第一的落地工具

决定一个企业发展的关键，在于其是否建立了科学的、健全的管理机制。

如果企业只是靠人治理，管理机制不科学，例如，组织架构不合理、过程管理混乱，或者晋升通道、薪酬机制不完善等，那么导致的问题，小则业务增长缓慢、规模有限，大则企业越做越小、难以为继。

WTO 前总干事穆尔曾经说过，中国企业的管理现状，大致相当于 30 年前的日本、100 年前的英国。有些企业在经营中，空有愿景，却难以实际落地。有些企业想要打造好团队、管理好员工，但除了"灌鸡汤""打鸡血"，空谈"热爱工作""保持精进"，连最基本的工具和方法都没有。

企业需要有实效、科学的管理工具来解决这些问题。本章将具体介绍 4×5 过程管控、五星评定、通关、明策略等工具。

第一节　抓过程——4×5过程管控

任何工作都包含过程与结果两部分，对于营销来说也是如此。

但是在现实中，过程却经常被忽略。很多企业，尤其是民营企业，往往只要求结果，而不在乎销售过程。常见管理者有这样的想法：员工如何去做不用管，只要任务能够完成就好。

事实上，结果是好的，不代表过程就是好的、正常的。在销售领域，我见过太多人为了完成任务不择手段，甚至做出伤害企业利益的事。比如，为了获取客户胡乱承诺，损害公司形象；为了业绩弄虚作假，欺骗公司。

反之，过程是对的，结果则不会差到哪里去。如果重视过程管理，对销售过程进行追踪与控制，做到及时掌握日常销售工作的动态，及早发现销售活动中的异常并予以纠偏，将有助于确保销售目标的实现。好的过程才有好的结果，好的管理才能带来好的业绩。如果没有过程管理，很难想象员工能创造出更多、更好的业绩。

那么，怎样才能更好地抓过程管理呢？

我们有很多销售工具，其中有一个是非常科学的，也是这么多年来我们一直在用的一个经典的销售管理工具——4×5过程管控。

一、4×5过程管控的定义

4×5过程管控，简而言之，就是对4种员工从5个方面进行过程监控与管理（见表3）。

表3　4×5过程管控

对象	卖给谁	卖什么	怎么卖	量化	考核与考核周期
新员工					
老员工					
主管					
分总					

我们从表 3 来看销售的过程管控。

1."4"的含义

代表 4 种人：新员工、老员工、主管、分总。

对于一个销售型公司来说，一般情况下，新员工是指新销售员，老员工是指老销售员，主管是指专门管销售的管理者，分总是指分公司经理或总经理。

很多企业因为没有对这 4 种人进行过程管理，重业绩轻管理、重结果轻过程，很容易造成以下消极影响：

- 企业的新员工，如果没有过程管理会成长非常缓慢，存活率很低，犹如"放羊"，自生自灭。

- 对老员工的过程管理如果不科学，会导致他们失去战斗力，没有激情和斗志，时间长了就变成了"老油条"，自以为是。

- 主管属于管理者。如果企业轻视管理只重业绩，轻视过程只重结果，管理者也会变成"老油条"，不仅执行力差，而且会"上有政策，下有对策"，变成"山大王"，自作主张。

- 分总同样也是管理者，握有更大的自主权。如果企业对分总没有科学的过程管理，很容易导致他们变成"太上皇"，自命不凡，企业管理也因此混乱无章，最终分崩离析。

想要让这4种人为企业带来更大的业绩，一定要对他们进行科学的、合理的、分层分类的过程管理。

2. "5"的含义

主要指以下5个方面。

（1）卖给谁

就是指销售的对象。如果企业既没有对员工分层管理，也没有对客户分类管理，很容易导致所有的员工都找同样的客户。一个新员工进公司就可以向大客户做销售，一个老员工仍在向小客户做开发，这是非常不科学的。

科学的做法是有意识地引导新员工、新销售员主要向一些中小客户提供服务。而老员工、特种兵可以去开发大客户、做好老客户工作。主管和分总则要更好地服务成交额更大的客户、要求更高的客户，去做开发、做销售，或者做维护。

员工要分层管理，客户也要分类开发。

（2）卖什么

之所以要把"卖什么"列出来，是因为不同的员工、不同的级别，卖的产品不一样。满足一般需求的产品，新员工可以卖好；满足客户个性需求的产品组合，老员工去做会更拿手。

（3）怎么卖

"怎么卖"是将销售工作进行分解，新员工、老员工、主管、分总这 4 种人每个人的销售工作都是不一样的。

比如说，新员工的主要销售工作是电话销售、陌生拜访；老员工可以上门提供体验式服务；至于主管、分总，则要更胜一筹，可以负责筹办营销活动等。因此，对销售工作，由什么人来做是要有所区分的。

（4）量化

这是指要对销售工作进行科学量化。

一名销售员，每周、每日拜访几个客户，每月举办几次营销活动，一定要科学量化，绝不能为了数量而数量。数量多了还完不成任务，会打击团队士气；数量少了，又很难达到公司的要求。因此，要结合实际情况综合评估，然后对销售工作进行科学量化，这也是过程管理的一项重要工作。

（5）考核与考核周期

考核是必不可少的。4×5过程管控表里对销售团队规定的工作做得如何，是有严格考核的。从效果来看，严格考核，对员工能形成有效的约束，有利于保证过程管控的顺利实施。

通过考核发现异常现象，及时纠偏，更有利于保证销售目标的实现，保证过程管控所要追求的结果。

以上就是4×5过程管控工具的内容。整个4×5表格背后的逻辑，指向员工的分层分类管理，以及客户的分层分类开发。在此基础上，对员工的销售工作进行科学的量化与考核，从而保证销售目标的顺利实现。

二、4×5过程管控的四大好处

对于企业来说，做好4×5过程管控益处良多，主要体现在以下四点。

1. 对公司的好处：建立大数据库

市面上可以买到大数据，但是最好的大数据不是买来的，而是从 4×5 管控过程中来的，从销售团队每月的活动记录、每天的拜访记录，甚至每天的微信记录、邮件记录中来的。

这些记录所形成的数据，最规范、最真实、最能契合企业管理的需求，专属于企业，是企业独一无二的大数据。

2. 对管理者的好处：过程监管

有很多管理者其实并不知道怎么对员工进行检查，也不知道如何科学地监管员工的工作。而 4×5 过程管控，则可以方便管理者更好地进行过程监管。通过 4×5 过程管控，管理者可以清楚地了解到员工每周在干什么、每天在干什么，从而更科学、更有针对性地指导员工的工作。

过去我在做管理的时候，看了 4×5 过程管控报告，我就可以据此去问员工，你今天拜访客户，所了解到的客户的一般需求、个性化需求分别是什么？或者问他，客户还有哪些需要？下一步你该怎么做？是否需要公司提供支持与帮助？需要的话，要有哪些支持？就像这样，管理者依据 4×5 表格，不停地去引导员工，针对性地指导员工，会让员工的专业性得到更快的提高。

因此，4×5过程管控对管理者来说，有利于对过程和计划进行管控，有利于更好地了解员工，更有的放矢地去提升员工的能力。

3. 对员工的好处：培养计划性、习惯性、日常性

请思考这样一个问题：一家公司，值不值钱要看什么？

我认为，就看这家公司的每个员工每天是不是都很清楚自己要干什么，以及他们是否目标一致、是否效率高。在很多企业中，员工根本不清楚要做什么，今天做什么、明天做什么、后天做什么，统统不清楚。有些员工因而得过且过、浑水摸鱼、懒散磨洋工，给企业带来严重的伤害。

反观那些真正做到行业第一的公司，它们往往有着清晰的愿景、切实的规划、高效的行动。在这些公司里，从上到下，每个员工都很清楚自己要做什么，有着良好的计划性、日常性和习惯性。

进行4×5过程管控的第三个好处，就是能够培养出这样的员工。

4. 对客户的好处：方便后续维护，跟进体验

在没有实施 4×5 过程管控之前，企业的一个员工离职了，他对接的客户只好换人跟进。新换的这个员工又要重新接触客户，从头了解客户，进行很多基础性、重复性的工作。这很容易引起客户烦躁反感，觉得该企业人员流动频繁，给自己造成了麻烦，体验非常不好。

如果实行了 4×5 过程管控情况就不一样了。每次换人对接的时候，这名新换的员工参考 4×5 表格记录，仔细地研读一下，对前面的过程就明了于心，然后及时地上门拜访，客户会觉得非常专业、贴心。

企业即使有人员流动，即使更换对接人员，但对客户的服务依然在持续。这就是做 4×5 过程管控的好处，也是为客户提供最佳服务所必须做到的。

三、4×5 过程管控落地的关键：督导

有些企业做不好过程管控，原因有二：一是缺乏实效的管理工具，比如 4×5 过程管控。二是企业没有意识到，即使实施了 4×5 过程管控，仍然需要有专人专职来监督、指导，用

一系列流程配合和辅助过程管控。

担任这种职责的人，我们称之为督导（见图6）。督导对于4×5过程管控的顺利实施起着非常关键的作用。

图6　客户企业竞聘督导

1. 督导的职责

督导，顾名思义，就是进行监督、指导的人。担任督导的员工，专门负责4×5过程管控工作的督查，在每个分公司抽查一到两个人，把职务、抽查情况、结果等备注好，形成一张抽查反馈表。也就是说，督导要进行抽查、定期反馈，并且及时通报。从待遇来看，一般情况下，督导是享受经理级别待遇的。这也是督导职责重要的一种体现。

2. 督导的任职资格

挑选督导，是一项谨慎的工作。我每次入企辅导，都要求亲自选择督导。先让企业家按照任职资格，把督导的画像做出来，再在全公司做动员，让合适的人来竞聘，我参与挑选。

督导要有以下三大任职资格。

（1）原则性强，对事不对人

督导的主要工作是抽检，要做到原则性强、对事不对人，把制度看得高于一切，这样才能保证督导工作公正公平，发现的问题客观真实。

（2）执行和沟通能力强

在督导岗上，每天、每周、每月都要进行抽查通报，发现了问题需要纠偏，这就要求督导是一个执行能力强，同时也非常善于沟通交流的人，否则工作就难以展开。

（3）熟悉业务和流程，做事严谨认真

挑选熟悉业务和流程、做事严谨认真的人做督导，将对4×5过程管控的贯彻落实起到核心的作用。

3. 对督导的管理

督导本人可以归销售管理中心管，也可以归营销副总裁管。如果想把督导放在更重要的位置，甚至可以拨归公司CEO亲自管。

督导的工作只要持续用心做下去，公司里存在的管理问题，大部分都可以迎刃而解。

案例 **三和国际的4×5过程管控**

三和国际在引入大营销管控之前，对员工缺乏合理的过程管理，考核以月为频次，导致企业的领导者不清楚下属的工作，整个管理处于"放羊"状态，松散无序。

为了解决这个问题，三和国际引入了4×5过程管控。

有些员工最初不理解引入过程管控的意义，以为公司不够信任自己，但在张华董事长的大力推动下，4×5过程管控得到了有序的推行。最终企业员工意识到这是一个能够有效培养自己的计划性、日常性、习惯性，督促自己往更敬业的方向发展，同时也非常有助于对客户进行跟进、维护管理的工具，因而转变了态度，在4×5过程管控中获得了成长，企业也变以前的松散管理为科学的过程管理。

在三和国际推行这个管理工具的过程中，还发生了张华董事长以身作则的故事。张华董事长为了保证推行4×5过程管控的公正、公平，通过竞聘，挑选了一名原则性极强的员工做督导。这位督导对过程管控的执行非常严格。有一天，张华董事长早上开会拖延了十几分钟，耽误了后续的工作，这位督导马上向他反馈：因为延误，要对董事长处以惩罚。张董事长当时还以为这只是口头警告，结果到了月底，发现公司真的从他的工资中扣掉了一部分绩效。张董事长因此感慨颇深，认为自己找到了一个有着高标准、严要求的人做督导，有了这样的督导，就不用担心公司的过程管控会出现问题。

事实也是如此，引入4×5过程管控后，无论是总经理、项目经理，还是客户主管、工程师，每天都能有计划、有结果地完成日常工作。同时，每天坚持的客户拜访情况汇总，给公司积累了非常多的数据，通过CRM积累了与客户相关的大数据，为公司进行数据分析和战略决策提供了强有力的依据。好的过程管控不仅帮助员工养成了计划性、日事日毕等良好习惯，也为公司的管理效能升级带来好的影响，推动企业收获好的业绩。

第二节　精机制——五星评定

这么多年来亲历市场，我有了这样一个认识：优秀的企业家不是给员工安排具体岗位，而是给员工设置晋升阶梯。

每位员工都有自己的精进之路，聪明的企业家会为他们打通企业内部的晋升通道，帮助员工克服人性的弱点，持续追求更上一层楼。最后员工的能级提升了，业绩增长了，企业也有了精兵强将，获得了更多的利润。

能够让企业和员工收获这样的双赢局面的工具，就是五星评定。

一、五星评定的定义

五星评定是多年来我一直在用的一个工具，而且我把它带到了很多企业里。今天很多企业都在导入五星评定机制，包括顺丰、行动教育等（见图7）。

图7　客户企业开展五星评定活动

1. 五星评定是个系统工具

这个工具能够全方位、全过程地对销售团队开展评定，从业绩、过程指标及通关三个维度展开。各行各业、各个层级的员工都适合推行五星评定。

过去，很多企业对销售员有科学的评定工具，却对中高层管理者拿不出好的评定方法。五星评定就能够解决这个问题，对高中基层人员都能评，是非常科学的系统工具。

2. 五星评定是员工的晋升通道

企业通过五星评定，可以把员工的两个晋升通道全部打通。这两个通道，一个是专业通道，一个是管理通道。通过开展五星评定，企业里所有的员工，想要做到什么岗位或职级，自己凭本事去争取。

所谓专业通道，就是销售线或业务线的通道。比如说，一名基础销售员，如果能够连续两次评到五星销售，而且成功地以老带新，他就可以挑战公司的一星特种兵；如果连续两次评到四星、五星特种兵，他就可以挑战公司的战略特种兵。从基础销售员到特种兵，再到战略特种兵，这是专业线的三级通道。

所谓管理通道，就是管理职级升迁的通道。导入五星评定后，如果销售员评到四星或五星经理，他就可以挑战公司的一星总监岗位；如果连续两次评到四星或五星总监，他就可以挑战一星副总裁岗位。从这个角度来说，想要做到什么样的职级，靠员工自己去努力。

五星评定打通了晋升通道，印证的就是这样一个理念：企业的经营者不是给员工安排具体岗位，而是给员工设置晋升阶梯。无论是专业通道，还是管理通道，员工想要做到什么职位或职级，都由他自己做主，通过自己的努力去争取。

3. 五星评定是一个通关加培训的武器

通过五星评定和通关，能够更好地发现员工的不足。发现了不足，以问题为课题，企业拟订新的培训计划，进行有针对性的培训，然后再通关，再发现不足，再拟订新的培训计划，进行针对性的培训……最后，团队进入了一个良性的循环，不断地通关、培训，然后提升。

《亮剑》这部电视剧中，团长李云龙训练他的士兵时，总是要求真刀实枪地演练。政委赵刚看到受不了了，说："团长，你这么去训练士兵，兄弟们会受伤的。"

李云龙看了看他，说道："你不懂。"

他就把这些士兵全部叫到一起，他说："各位兄弟，与其在战场上，我们跟鬼子拼刺刀拼死，不如在训练场上，我让你缺胳膊少腿。"

李云龙的这句话如果放在今天的商场上，我们怎么理解？各位企业家可以回去告诉你的销售团队："与其在客户那里遭到拒绝、成交不了订单，不如我让你通过五星评定，接受洗礼，接受挑战，锻炼出真本事再上场。"

二、五星评定导入的三大需要

企业为什么要导入五星评定？导入五星评定基于以下三个需求。

1. 企业做第一的需要

企业家都有做第一的梦想，但是做第一不能光靠喊口号，而要脚踏实地做好经营管理。我经常对很多学员讲，管理一定要简单，大道至简。企业的管理模式、工作流程、组织架构等，都应该简单而科学。

每次在课堂上，许多企业家说到自己做不大、争不到第一的原因会有很多，有的说是缺钱或缺人，有的说是宏观环境，有的说是对手太强大……其实，阻碍很多企业做不到第一的最主要原因，是缺简单的、科学的管理模式。五星评定就是成就企业、让企业的管理变得科学的系统工具之一。

2. 员工更专业的需要

爱员工最好的方法是什么？是让员工更专业。

可能有些企业家想，我为什么要把我的员工变得更专业？假如他离开我，把我的客户带走，不就变成我的强大对手了吗？这样想的话，他的格局就太小了。公司的员工离职，可能就是因为老板没有满足员工的需求，员工拿多少钱、做到什么岗位，自己决定不了，觉得不开心，所以就离开了。

怎样让团队员工变得更专业呢？答案就是精机制——导入五星评定。导入五星评定以后，员工会很开心，因为满足了他的心理需求、现实需求，同时也让员工更专业，这样他就不愿离开公司，会更好地帮助公司做大做强。

员工更专业，变成了特种兵，服务就能做到极致化，就能更好地满足客户的需求，为公司带来大业绩。

3. 企业发展的需要

企业想要持续发展，重点在于什么？在于引进的系统工具一定要具备可复制、可持续、人性化的特点。

五星评定就符合这些要求。五星评定具有可复制的特点，可以把企业的团队一个变成两个，两个变成四个，四个变成八个；五星评定是可持续的，它把员工的学习成长变成一种良性循环，实现员工能力的持续提升；五星评定也是人性化的，为员工提供成长的空间，鼓励员工自我提升，追求更高的目标。

三、五星评定导入的关键——三个统一

1. 统一思想

所有高中基层管理者要统一思想，认识到五星评定不只是个简单的评估工具，它还是个全方位、全过程的管理工具，是员工晋升的通道，是一个通关加培训的武器。

五星评定对整个公司的组织架构，以及薪酬体系、员工的晋升通道，都进行了科学的优化和合理的统筹。企业的管理者需要统一思想，对五星评定的导入有统一的认识。

2. 统一培训

导入五星评定，应遵循先高层、再中层，最后到基层的顺序，统一进行培训。

导入初期,很多员工无法全面理解五星评定对自身的益处,认为管理工具的实行是管理者的事情,与己无关。这种心态会导致后期推行五星评定时,员工的配合度不高,欠缺参与的热情。因此,要统一培训,让全体员工意识到这是一个基于自身需求的、科学的管理工具。全员重视、全员参与,这一点非常重要。

3. 统一执行

五星评定有一个特点：适用于各行各业、各个层级的员工管理，是一个面向企业全员、统一执行的管理工具。

这是因为五星评定可以灵活地选择标准，比如说对销售员进行五星评定，就可以选择业绩、过程，或者通关等任意一个或若干维度。每个企业的性质是不一样的，五星评定的标准可以具体情况具体分析，灵活变化，从而适应全员管理、统一执行的需求。

行动教育也是五星评定系统的"代言人"。从 2014 年开始，行动教育导入了这套体系，一直到现在仍然每年、每个季度都要开展五星评定。因为有了五星评定，这几年我们的业绩快速增长。讲我们所做，做我们所讲，行动教育始终走在践行及推广实效管理的路上。

案例 **上海祥霖农业技术有限公司的五星评定**

上海祥霖农业技术有限公司（以下简称"祥霖"）是一家专业从事农作物保护的产品销售和农业技术推广服务的企业。

最初，祥霖董事长谢祥其派了五位高管来听"大营销管控"课程。听完课以后，五位高管对课程的反馈意见不一。有人认为这是一套非常有助于提升营销团队效能的课程，但也有人认为这是一套严苛的体系，尤其是五星评定与通关制度，会对企业内部带来晋升、考核方面的压力。

谢董带着迷惑亲自来到了我们的课堂，甫一见面，我问了谢董六个问题："你有完善的营销组织架构吗？你有营销人员的晋升通道吗？你有营销人员的薪酬体系吗？你有日常的营销管理体系吗？你有员工通关培训体系吗？你有对干部的考评体系吗？"

对这六个问题进行了一番思考之后，谢董当即拍板决定：祥霖要导入大营销管控体系，尤其是导入五星评定与通关制度！毕竟，实践才是验证真理的最佳手段！

于是，我们在第一时间深入祥霖，开始了体系方法的导入。尽管在导入之前遭遇高管的不理解，但在导入的过程中，我们得到了祥霖从上到下全体员工的支持，这一点我在通关现场更是深有体会。

通关的那一天，我们早上八点半开始书面考试，然后开展线下模拟实战，在下午进行了点评（见图8）。

图8　祥霖五星评定通关现场

　　所有在前期通过了业绩考核、4×5过程管控考核的员工，都纳入了这次通关，人数占公司营销队伍的40%。这些达标的员工按照事先评定的星级，一星、二星员工先通关，三星、四星、五星员工后通关，没有达到星级参与通关活动的员工，则兴趣盎然地在场地旁边观摩学习。

　　整个通关的题目由我们事前编写，契合祥霖员工当下的营销现状与需求。员工通关的表现、答题情况由担任评委的企业高管与专家进行点评。在整个通关过程中发现的问题及点评总结，都被记录下来，补充在销售秘籍中，并且成为祥霖在下一个季度的针对性培训主题。

　　我们在祥霖的通关现场，感触最深的是来自员工的热情反馈：

　　"通关一整天下来，虽然对自己的表现不满意，但发自内心地感到开心，知道自己到底哪里不足，一瞬间有了方向、有了动力，知道接下来的路该怎么走了。"

　　"平时在市场上要一个人面对的问题，在这里有老师、领导给予面对面的支持与解答，让每个人都受益良多。"

"感同身受，线下模拟实战场景和案例分享环节，各业务经理所抽取到的模拟案例都非常贴近日常工作所面临的一系列问题，从案例假设、人物设定、角色扮演，以及案例分析中发现问题的核心，到提出解决问题的办法。"

"大通关里提供了大量知识和经验，尤其在点评环节。在体验互动中学习，在自检自评中沉思；要素设计合理，方式方法可行；明确成长途径和方式，标杆生动鲜活。"

"通过一天的通关，作为考官和评委，在同事通关的过程中，不仅检验了通关的同事，同时对我来说也是一次检验和学习。发现他人问题的过程中对照自己，发现了自身的不足。"

"没有完美的个人，只有完美的团队。在销售的过程中，我们要发挥团队的能量，集思广益，这样才可以有的放矢。"

除了对员工的通关，祥霖还安排了对高管的通关，以述职报告的形式，对高管的工作进行了总结与点评。实践下来，获得的反馈非常好。五星评定与通关制度，以其出色的实际效果赢得了祥霖从上到下的支持。

案例 行动教育的五星评定

在销售团队的建设与打造上，行动教育也走过一段不寻常的路。在 2014 年前，销售团队新入司员工与入职多年的老员工工资都一样，导致很多老员工抱怨：为何我来公司这么多年，跟一个刚毕业新入职的新人拿一样的工资？这种怨气带给团队一些负能量，对团队管理及团队建设极为不利。另外，在员工的晋升方面也没有太明确的标准，很多老员工工作了多年也没有方向；有些干劲十足的员工想往上发展，却没有明确的晋升通道。

这些问题困扰了行动教育董事长李践多年。当时我主讲的"大营销管控"课程中的五星评定体系让听课的企业家们非常受用，李践老师觉察到这套五星评定体系工具就是行动教育所需要的，于是在 2014 年全集团各分公司开始导入五星评定。

行动教育的五星评定涵盖三大指标：第一指标为业绩指标，第二指标为过程指标，第三指标为通关指标。通过这三项指标每个季度都对客户经理进行五星评定。

在业绩考核中，还分新增业绩与总业绩。考核新增业绩是要鼓励员工不断开发新客户；考核总业绩是让员工不仅要抓老客户，还要抓大客户。要有好的业绩一定要有好的过程，过程抓好了，自然会有好结果，而且要抓核心关键工作，充分量化工作指标，达成高效能。最后在通关环节检验理论知识的掌握度及实战能级水平，了解销售团队的不足，从而制订培训计划，对团队进行针对性分层分类培训。

通过五星评定给员工制定不同星级的工资，也让高星级员工有非常高的荣誉感。晋升也以五星评定为依据。五星评定让行动教育销售团队找到了方向，找到了信心，能做到什么岗位、拿多少工资，自己的行动说了算。

有了这套公平、公正、公开的系统工具，行动教育的销售团队优秀人才辈出。每个季度的五星评定后，都能涌现出一些优秀人才，有的人开始做总监了，甚至有的人开始做分校的校长了，也就是分公司的总经理。在这些优秀人才的努力下，近几年行动教育的业绩得以快速增长。

第三节　造铁军——通关培训

一家企业的核心资本是人才。如果我们留心观察，就可以看到，那些最终在市场上赢得竞争的，一定是拥有强大铁军的企业。

这意味着我们想要成为行业第一，需要拥有铁军；而打造一支铁军，仅仅从市场上招揽人才是不够的，需要企业把人才培养列为重要任务。

当企业完善了人才的培养流程，建成了一条高效的人才生产线之后，也就有了拥有铁军、提升整个企业竞争力的重要筹码。

通关培训，正是企业用来打造与培养铁军的利器之一。

一、通关的方式

通关，一般包含两个部分：书面通关和线下模拟通关。

1. 书面通关

书面通关主要考察的是员工的知识储备。以销售员为例，他的必备知识应包括行业知识、产品知识、销售知识、客户知识等。

有些企业非常重视知识管理，对内部经验进行总结，编写好销售秘籍和项目真经等资料，把销售须知的内容全部汇总进去，以便员工学习掌握，同时也便于对员工进行书面通关（见图 9）。

图 9　客户企业编写的资料

2. 线下模拟通关

这是一种模拟实际场景，对员工进行实战考察的方式。

可以把销售团队分为一星、二星、三星、四星、五星，再分别设置难易程度不同的场景，对员工进行通关。比如说一星、二星员工，可以一般考察，把电话销售、陌生拜访、上门接待这些基础场景，设计成题目来考核员工。如果是三星员工，那么可以考大客户销售、问题处理。到了四星、五星，则考难度更高的招投标、行业解决方案拟定，甚至还可以考一些销售活动。

行动教育的通关活动

在行动教育，每个季度都要组织通关。一般来说，一季度在4月通关，二季度在7月通关，三季度在10月通关，通关的时间往往在每个季度的中上旬。行动教育达到星级评定资格的员工，基本上都能达到销售团队总人数的20%～30%，也有可能到40%。这些达到星级评定资格的人都被集中起来进行通关。

通关之前，需要把题目出好。如果是书面考试，需要出一份统一的考题。如果是线下模拟实战，就要出一些题目，到了现场当场抽题。抽题以后，不同星级的员工可以有不同的准备时间，题目难度越大，准备时间也越长，这是为了避免员工草草应答，影响通关的效果。

通关之后，及时的点评总结非常重要。员工在实战演练之后，要进行自评，反省自己的缺点或失误，自己提出改进意见，这有助于员工自我成长，也有一种自我鞭策。

同时，还需要让企业内部的领导担任评委，当员工在现场演练完以后，由评委进行总结点评。

每次我在行动教育参与通关，在点评环节中，有很多伙伴都会说自己"被打通了任督二脉"，找出了自己多年销售过程中存在的不足。他原来并不知道自己的问题，但通关就像面镜子，在所有人面前照出他的不足之处，给他带来了一次震撼的自我发现。

因此，我们说，通关是可以把员工通活的。有些员工原来可能对工作有所懈怠，通过通关，观照到了自己的不足之处，他的整个精神都将为之一振，改变过去懈怠疲惫的工作状态；有些员工原来可能一叶障目，看不见自己存在的问题，通过通关，无异于当头一棒，发现了改进自己的方法。

团队的成长，就是企业的成长；团队的进步，就是企业的进步。这是通关对企业的重大意义。

通关的另一个重要作用，是根据发现的问题，为后续的员工培训提供主题，便于企业跟进开展有针对性的培训。

例如，我们有一次在通关时，发现一星、二星销售员普遍在销售三问这一块做得不够，不知道怎么更好地去问客户的问题。接下来我们就拟定一个课题"如何做销售三说三问三挖"，有针对性去培训一星、二星员工。

在通关的时候，我们还发现三星级销售员缺乏大客户开发技巧，不知道在开发大客户时，该怎样更好地满足客户的个性需求、隐性需求，怎样做异议处理，我们就制定另一个课题"大客户开发技巧与异议处理"。如果我们发现四星、五星的销售员对行业解决方案的讲解不够到位，特别是对辅导项目讲解得不够透彻，我们就会拟定一个课题"如何做行业解决方案的讲解"，或者"如何做辅导项目的讲解"。

这样一来，在通关过程中发现的问题，就变成了我们之后三个月的培训课题。

在接下来的三个月里，我们就分别开展封闭式的培训，针对这三个课题，进行分层培训：一星、二星销售员重点培训三说三问三挖；三星销售员重点培训大客户服务与谈判技巧；四星、五星销售员培训如何讲解行业解决方案和辅导项目，现场与客户如何互动。

通过封闭式培训，我们可再通关，再发现不足，然后紧跟着再培训，这样企业的人才培养就进入了一个持续改进的良性循环，铁军的打造就这样走上了轨道。

所以，我们说，通关是打造铁军的第一方法。它不仅仅是一把武器，更是一把利器。

今天在行动教育，我们的团队自上而下，都在进行通关。我们有很多学员也在通关，我辅导过的客户，如三和国际集团、圣爱中医集团等，为了显示通关的重要性，把 2017 年定义为"通关创新年"，要求企业全员重视通关、践行通关，通过通关把团队打造成铁军！

二、通关六要素

通关活动具有以下六个要素。

1. 时间

这是指开展通关活动的时间。

为了保证通关效果最大化，需要企业安排合理的时间进行通关活动。一般情况下，95%以上的企业都是以自然月的周期来安排的。但是，也有一些企业的经营状况比较特殊，如经营白酒、化肥等企业，它们的经营活动有着非常明显的淡季、旺季之分，营销活动也有其特色周期，这样的企业就要根据自己的经营实况，来确定适合自己的通关时间。

2. 地点

开展通关活动的地点，可以在公司内部。

公司通关可分两种情况。如果公司小，那么就在总部通关；如果公司规模很大，就在大区或分公司通关。那些全国性的公司，如果要把销售员全部集中到总部来通关，差旅费用等成本就会很高，所以建议就在区域通关。例如，行动教育在全国有30多所分校，以大区的名义自己开展通关更妥当。如果有必要，再辅以视频通关的形式。

3. 对象

通关的对象分两种：一种是被通关者，是达到星级评定资格的人；另一种是通关的评委。

有些企业为了强化效果，会把通关常态化、日常化，甚至全员参与通关。但是季度的大通关活动，就不必再对全员进行通关了，而是对达到星级评定资格的人进行通关，其余的人可以观摩学习，这是一种保证效率的做法。

通关的评委选择很重要，可以是公司领导级别的人，也可以是职能部门领导。适合做评委的人选很多，企业可以根据自己的实际情况加以选择确定，以保证通关活动高效开展。

4. 内容

通关的内容有两种：一种是书面考试，另一种是模拟实战。

书面考试的内容包含行业知识、产品知识、销售知识、客户知识等；模拟实战则模拟销售过程中的实际场景，根据场景出题。

5. 点评

点评分两部分：一部分是自评，另一部分是他评。

自评是通关者发自内心的反思，是基于自我的觉醒，也是对自己的鞭策。因此，在通关过程中，要留出时间让员工进行自我点评。

在此基础上，再辅以评委对员工的专业点评，引导员工找到明确的改进路线和方法等。

6. 总结

总结安排在通关活动的尾声。

总结也是关键的、不可缺失的一环。既要总结优点和长处，也要总结缺点和不足，特别是做得不好的地方，全部要提出来。毕竟通关的目的是要发现不足。把这些不足全部记录下来，然后紧跟着，将问题形成课题，作为在接下来一个季度中的培训主题。

三、培训活动

培训是人才培养方案的内容之一，除了在通关以后的针对性培训，企业的培训还可以这样做。

1. 对基层员工的培训

（1）培训的内容

一线员工必须掌握的知识分三类：业务类、技能类和心态类。

- 业务类。销售员要学会四大知识，即有关行业、产品、销售和客服知识的知识。

- 技能类。新员工要掌握最基本的电话销售、陌生拜访、接待等销售技能；主力军要掌握大客户开发、谈判等技能；特种兵要掌握招投标、行业解决方案制定等技能。在培训的时候，不能一刀切，要分类分层培训。

- 心态类。新员工要培训的是信心，不要怕吃苦，不要怕受委屈，不要怕遭到客户的拒绝；老员工更多的是要帮助其树立信念，如鼓励他坚持成就梦想；特种兵需要的是信仰，告诉他，你不是为自己而战，你是为这个行业、为使命而战。就像在部队里，特种兵接受任务的时候，指挥官会说，你是在保家卫国，是为人民而战。这样一来，他内心的力量油然而生。

（2）培训的时间

以我辅导过的客户三和国际为例。新员工进公司第一周是封闭式培训，老板上第一堂课，紧接着每个管理者各上一堂课，上课就讲销售秘籍的内容。最后剩半天时间考试，考完试后部门领导和各个新员工双向选择。第二周到三个月以内，每个师傅带一个徒弟。三个月以后，就进入正式工作状态，与其他员工一起接受常规训练。

这是针对新员工的，主力军每个月培训一次，特种兵也是每个月培训一次。

（3）培训的方式

培训要有效果，就要采取科学的方式。

新员工刚刚进公司的一周内，实施封闭式培训。其他员工按照生力军、主力军、特种兵进行分层，然后开展集中学、团队学。

2. 对管理者的培训

对于中高层的管理者，培训又有所不同。中高层管理者需要学习的内容是招、培、管、评、留。也就是学习如何招人，如何带团队，如何做管理，如何考评员工，以及学会使用配合这些工作的管理体系和工具。

今天在中国的培训市场上，99% 以上的销售课程教人怎么谈判、怎么成交、怎么做接待、怎么做方案、怎么开发客户，这些不是培养管理者的内容，只是培养销售特种兵的内容。

如果企业家把许多精力放在学如何销售、如何谈判、如何把自己变成特种兵上，那么他可能成为销售英雄、开发客户的顶尖高手，但是管理能力势必会弱下来。所以我认为，如果企业家的销售水平已经很高了，就应该把更多的时间花在学习如何管理、如何带团队、如何培训员工上。人才是企业的核心资源。时间是公平的，时间用在哪里，成果就在哪里体现。

企业不能提倡个人英雄主义，而要强调团队合作，开发团队的力量。管理者一定要掌握一些管理工具。当然，除了管理工具，还必须建立一套体系，如大营销管控体系。

专业的销售培训就是这样的：基础团队通过通关，团队学、分层学、集中学；高层领导建议每三个月学一次，走出去学习先进的管理工具和体系；中层管理者每两个月学一次，走出去和请进来两种方式相结合。这样，就构成了一个完整的、专业的企业销售培训体系。

案例　顺丰的通关活动

顺丰的发展为何这么快？顺丰的销售团队是如何打造出来的呢？许多企业家都很想了解。

顺丰优秀的销售团队是通过通关打造出来的！顺丰销售团队的通关分日常通关、周通关、月通关、季度通关，把通关做到了日常化。

在销售人员日常拜访客户之前，销售管理者经常会把销售人员叫过来，问一下客户情况，之后销售管理者扮演客户，让销售人员做情景模拟拜访，在模拟过后管理者立即指出销售人员哪方面做得不好，如何改进，逐条分析给销售人员。如此一来，大大提高了销售团队在实际工作中的能力，减少了无谓的挫败和牺牲。

周通关或月通关则是在团队会上安排一些场景进行演练。

例如，模拟一场公司组织的新产品推介会或展会，需要邀请一些核心客户参加。管理者会扮演客户让销售人员进行邀约，通过介绍产品卖点及带给客户的价值，达成核心客户同意参会的目的。

季度通关是安排在每个季度五星评定通关大会上，达到星级评定资格的销售人员会分成1~2星、3~4星、4~5星方阵，先参加笔试，然后1~5星人员依次参加情景模拟实战通关。

不通不知道，一通百事解。模拟练习后首先由每位通关者对自己的表现进行自评，评价优点和不足之处；然后每位评委对通关者加以点评，这对通关者的功力是一次极大的提升，因为评委都是营销体系的核心管理者，能给予通关者全面的指导；最后总结环节把1~5星人员的通病和不足罗列出来，问题就是课题，接下来根据问题拟定新的培训计划，为分层分类科学培训打下坚实的基础。通关者每次培训后都能上一个新台阶。

通关，这就是顺丰打造营销团队的利器。

第四节　明策略——三多策略

今天仍有很多管理者认为工作受很多因素影响，对"卖出多少"的结果无处着手进行管控。出现这样的想法，是因为他们对销售活动的分析不够透彻，没有深入研究客户成交背后的原因。

在接下来的章节里，我们将把销售活动拆分成三个具体的数据指标，来分析如何实现营销的终极目的——卖出更多的产品，赢得更多的利润。

一、三多策略公式

任何一种产品或服务的销售，其实都可以拆分成客户数量、交易金额、交易次数这三个数据，这也是我们做营销管控时务必要做深、做透的三个方面。

$$收入总额 = 客户数量 × 交易金额 × 交易次数$$

1. 客户数量

客户数量很好理解，在门店销售中，客户数量和人流量息息相关；在其他方式的销售中，客户数量的多少也是决定成交总额的重要因素之一。

理解概念并不难，难的是如何让客户的数量增多。

2. 交易金额

客户与企业成交的每笔生意，我们都要研究交易金额，要把它分析、研究到极致。

3. 交易次数

企业要注重与客户的交易次数，千万不能抱着只跟客户做一次生意的想法，而要树立做一辈子交易的理念。

很多企业家会反驳说,他的客户就是一辈子只能合作一次。

其实这是很少见的，很少有企业只和客户做一次生意。

比如，卖汽车的企业说汽车是个大商品，自己做的是一锤子买卖。但我认为不是的。今天客户买了汽车，过几年他说不定升职加薪，车子要换一辆更上档次的。说不定他的朋友要买车，他能把朋友拉来你处，变成你的新客户。

又比如，做装修的企业说，装修做的就是一次性生意。事实并非如此。装修完以后，朋友和同事去业主家做客，觉得装修水平真不错，说不定他们就成了你的下一批客户。或者再过几年装修风格换了，这个业主很可能把这套老房子再翻新装修，就又成了你的客户。

总之，企业不能抱着"一次性"的观念为客户服务，而要有终身客户思维，用心为客户提供服务。

从今天开始，每个想成为行业第一的企业家，要在客户的次数上下功夫，要想办法让客户增加购买次数、积极转介绍，把他终身绑定。

我们再来看这三个指标的变化会带来什么影响。

假如有 100 个客户，平均每个客户的交易金额为 1000 元，一年交易 20 次，那么总成交金额就是 20 万元，这是个非常简单的数学公式。

收入总额 = 客户数量 × 交易金额 × 交易次数

100 × 1000 × 20=200（万元）

明年想要提升收入总额,在今年的基础上增加 30%。为此，客户数量在明年要增加 10%，交易金额也要增加 10%，例如，通过成立市场部，加强对产品和服务的研发，推出一些组合产品及增值服务，让客户为每一单多消费一点，增加 10%。客户今年交易了 20 次，明年想办法让他再多增加 10% 的次数。

这样，平均每个指标只增加 10%，结果收入总额可以达到 266.2 万元，相对于 200 万元，约增加了 33%。

收入总额 = 客户数量 × 交易金额 × 交易次数

110 × 1100 × 22=266.2（万元）

也就是说，企业想要每年比上一年收入总额增加 30%，就可以分解目标，客户数量增加 10%，交易金额增加 10%，交易次数增加 10%，这三个指标都增加 10% 以上，目标就能达到 30% 以上。

如果企业营业额连续 10 年都增加 30%，那这样的企业就会创造奇迹了。如果它今年的营业额是 1 亿元，10 年以后，将达到 14 亿元。奇迹的背后，是稳健的增长。当然稳健增长的背后，企业的管理也要稳健。

有的企业想要在新的一年收入增加一倍，把这个公式搞清楚了，就知道怎么把这个目标分解下去了——客户数量、交易金额、交易次数各增长 25%。

客户数量增加 25%，这个指标要考核销售部的新增业绩，考核客服部的客户维护率。

交易金额增加 25%，可能有点难度，需要企业做到这两点：①要有市场部的市场月报，不断研究组合产品，研究增值服务，研发新产品，让客户多消费、多买单。②加强客服部的工作，对客户每月进行定期跟进和研究，深耕和深挖客户需求。

如今的消费者正在逐渐发生变化，大家都基本解决了温饱问题，逐步追求愉悦的、高品质的和个性化的生活。85 后、90 后、00 后成为新一代的购物大军，他们要的是愉悦，要的是体验，要的是个性化。慢慢地，价格将被价值所取代，越来越多的人更愿意为价值买单。

未来的赢家将是提供高质量、高价值产品和服务的企业，而且是给客户带来高享受的企业。这样的企业，代表着一种未来的趋势。正因如此，企业一定要成立市场部，要做研究，研究怎样通过产品组合给客户提供更多增值服务。

如果今天某个企业的收入 100% 全部来自产品，那么这个企业是没有竞争力的。企业的收入应来自两方面：一是产品收入，二是增值服务所创造的收入。增值服务所创造的收入满足客户个性化和隐性化需求，产品所创造的收入只是满足客户一般的需求。

客户数量考核销售部、客服部；交易金额考核市场部、客服部；交易次数考核客服部。这三个部门是经营单位，同时为收入的增长负责。如果企业没有这些部门，这个公式对于企业来说也就没有价值了。

我们用简单的词来概括：客户数量增加，叫多客；交易金额增加，叫多买；交易次数增加，叫多来。我们要增加更多的客户，让客户多买单，让客户多来。

多客，抢占更多的市场，全国的、全球的；多买，让消费者多花钱，增加他的复购率，或者高质高价，把交易金额做上去；多来，采用终身客户战略，锁住客户一辈子。贯彻这种思维，企业才可能做到第一。

多客、多买、多来，构成了三多策略。

二、明策略之全员销售

很多企业做销售有这样一种现象：企业有 1000 个员工，可能有 950 个人在从事生产，只有 50 个人在做销售。这些销售员可能一个月有三周在做别的事情，只有一周在跑业务。如果这家企业的营销常态如此，它能出大业绩吗？结果可想而知。

营销的最佳境界，就是全员销售。所谓全员销售，就是人人都在做销售。

可能有人对全员销售有疑问，说司机、财务、人事，他们怎么能做销售？那可不一定。

销售分售前、售中和售后，提供信息也可以算作销售活动的一部分，负责的是售前阶段的信息收集。全员销售做得好的企业不多，因为做得好的企业都得遵循一套科学的流程和管理办法。

做任何事情，都要有规章制度，有体系打法。全员销售要做好，也要有一套科学的体系和流程。

1. 统一思想

- 确定一个方向，让老板认识到自己是公司的第一销售员。在顺丰，王卫就是第一销售员。在华为，任正非说自己是第一销售员，阿里巴巴的马云也说自己是第一销售员。
- 副总是第二销售员。营销副总就是管营销、管销售的集团副总裁，他是第二销售员。
- 人人都是销售员。即便企业里的司机、财务、后勤人员等也可以担任信息收集者，提供信息。

2. 建立制度

既然要开展全员销售，就要把全员销售作为重要的工作来抓，把全员销售的管理工作纳入公司规划及计划工作中。

同时还要有专人专职，让专业的部门、专业的人员负责这项工作。如果公司大，可以设置专人负责；如果公司小，就安排一个人兼职来做，或者让督导兼职做也可以。

3. 建立流程

（1）建立客户信息收集流程

这里的流程，针对的是那些提供信息的、非销售岗位的人员。因为全员销售，就是强调让所有非销售人员也参与进来。

可以设计一张信息收集报备表，这个表格专门用来给非销售岗位的人员填写。例如，财务部门的同事发现了一个潜在客户，该客户的姓名、所属区域、预估业绩、职务、电话、地址、竞争对手……这些都可以纳入信息收集表，然后把这个表格做进公司的 CRM 系统。这个信息是这个财务人员提供的，以后就可以给他一笔奖励。

信息收集过来了，但是这个财务人员不需要做开发工作，毕竟他不专业，他的本职工作还是财务，不懂客户开发。如果让他开发的话，一来他不专业，二来会引起公司混乱。

所以，信息收集过来以后，要由专人按照区域把开发工作分配下去，并且当天就以最快的速度分下去。是哪个区域的，就分给哪个区域的主管，再由主管分派给专业的销售员去开发。

（2）建立开发跟进流程

接下来是第二张表格，这个表格是销售员填的，叫作全员销售开发跟进表。前面的内容包含拜访信息之类的，关键是后面的开发进度，分为信息收集期、访问谈判期、合同签署期、合作开发期等。

这张表格就与前面的信息收集报备表遥相呼应、链接起来了，而且这个表格提供信息的人也能看到，了解销售员跟进的情况。

（3）建立奖励流程

非销售人员提供有价值的信息，公司应予以鼓励。所以，建立奖励流程是必要的。

奖励可以分为两种：一种是一次性奖励，每月计算、实施一次；另一种是合作开发奖，例如，财务人员提供了信息，在不影响他本职工作的前提下，他也可以参与一起开发，最后由销售员分一部分提成给该财务人员。

（4）建立及时兑现流程

既然制定了制度，就要执行。就怕雷声大雨点小，有头无尾。

所以，要么不做，要做就一定要有个交代，有头有尾，始终如一。开展全员销售，就要给公司员工一个交代，及时兑现奖励。

（5）建立及时通报流程

要定期通报，形成周通报或月通报。周通报可以每周在周一开早会的时候由督导通报：上一周全员销售的情况怎样，谁表现得好，提了什么信息……紧跟着就要奖励。月通报是在月度销售会议上通报，把那些在上个月做得好的司机、财务、后勤人员都请来参加销售会议。

如果公司能把全员销售做到极致，可以充分强化销售、客服的重要地位，其他部门对销售工作也会非常配合，合作默契，好处是非常明显的。

有些企业的员工碰到问题互相推诿，财务部怪销售部："你看，你们销售部开发的什么客户，到现在钱都没收回来。"销售部怪生产部："是你们生产的产品质量不好，怪不得我钱收不回来。"生产部怪采购部："产品质量不好，都是因为你们采购的原材料品质太差。"采购部再怪财务部："就是因为你们太抠门，成本压得那么低，买不了好的原材料。"

这是很痛苦的事情，这个时候必须有一个润滑剂，而全员销售就有这种效果。大家都关注销售，互相配合，而在一定程度上杜绝了互相扯皮的现象。

（6）建立及时总结流程

最后，需要建立及时总结流程。按频次来看，总结有月总结、半年总结，也有年度总结。要把总结当作常规的工作、重要的工作对待，保证营销策略顺利实施。

总而言之，企业需要研究客户数量、交易金额、交易次数，深入分析数据背后隐藏的问题，并且依据实际情况，形成全员销售模式，用三多策略助力企业业绩稳健增长，走上成为行业第一的轨道。

📝 **本章知识点回顾与练习**

1. 4×5过程管控工具，顾名思义，就是对4种员工从5个方面进行过程监控与管理。"4"代表4种人：_____、_____、_____、_____；"5"主要指_____、_____、_____、_____、_____。4×5过程管控表背后的逻辑，指向员工分层分类管理，以及客户分层分类开发。

2. 企业进行4×5过程管控有四大好处：对公司的好处是_____，对管理者的好处是_____，对员工的好处是_____，对客户的好处是_____。

3. 五星评定的定义：五星评定是一个 _____，是员工晋升的通道，是 _____。企业基于以下三大需要，导入五星评定：_____、_____，以及_____。

4. 通关，往往包含两个部分：_____，主要考察的是员工的知识储备；_____，是一种模拟实际场景，对员工进行实战考察的方式。

5. 如果把营销活动拆分成三个具体的数据指标，来分析如何实现营销的终极目的——卖出更多的产品，赢得更多的利润，那么，这三个数据分别是客户的_____、_____和_____。

6. 用简单的词来概括，让客户数量增加的策略，我们称之为_____；让客户的交易金额增多的策略，称为_____；让客户的交易次数增多的策略，称为_____。这就是三多策略。

笔记

三和国际集团 董事长 张华

陈军老师的大营销管控项目，给三和国际极大的帮助和支持。他高度的责任心和敬业的态度，让三和人非常感动。大营销管控体系辅导项目非常有效，为三和国际未来的发展打下了重要的基石，帮助三和国际走向更大的成功。

昆明圣爱中医馆有限公司 董事长 刘琼

通过通关看到了自己的不足，同时让大家看到了希望，打造一支铁军已指日可待了。超出期望地给几位副总裁进行辅导，超出期望地给到圣爱多项建议。销售秘籍的编写让大家大大提升了管理能级，并且对业绩的提升已起到作用，未来对员工能力和管理者能级提升作用会更大，也大大激励了圣爱的高中基层管理者！陈军老师专业、负责，有大爱。入企辅导成效好，为圣爱带来了超出期望的服务。感恩老师！感恩行动教育！

上海鼎充新能源技术有限公司 董事长 夏建中

员工反馈非常好，晋升通道设计有感觉，4×5 梳理发现了平时的不足。陈老师真心为鼎充着想，很感恩。陈老师经验丰富，对各种复杂情况有很好的解决方案。愿陈老师一直陪伴鼎充发展，成为行业第一！感谢陈老师辛苦付出，并且全心全意关注鼎充销售团队的成长。

河南利明眼镜业有限公司 董事长 朱国强

本次陈军老师主要教我们做事情的方法，根据理论和方法编写属于我们自己的销售秘籍，并教我们一些编写的小技巧，能够让我们很快地从不同角度切入，编写出实用的销售秘籍，从而让我们在今后的工作中有统一的学习标准和操作流程的标准。

通过本次培训，我们最重要的是学到了方法论。根据这些方法论，提高了工作效率。真心感谢陈军老师的培训和指导，我们的能力一定会有提高、销售额会翻番的。

河南心连心化肥有限公司 营销总裁 王乃仁

我这十多年来听了不少课，第一次听到这么简单、这么科学的课。我们企业走到今天也暴露了很多问题，营销上遇到很多困惑，找不到方向。上了陈老师的总裁班的课后豁然开朗，找到方向了。为什么还来上方案辅导班？学习就像练功一样，一定要好好练习！这次我们团队学习了如何把整个体系串联起来，下一步要落实、要执行。在落实的路上希望老师为我们保驾护航。我们三年目标是销售额 100 亿元，在这个时候能遇上陈军老师是一种缘分。下一步希望老师毫无保留地指导我们将这套体系在企业里扎扎实实地落地。

化州市海利集团有限公司 董事长 李儒昌

根据公司的实际情况，厘清大营销管控中各个关键方面，使营销步入标准化、系统化、科学化管理的轨道上，提升效率，助力业绩快速提升。现在我们的营销团队战斗力和士气更旺盛了。通过科学梳理营销管控体系，管理者能级及团队专业能力得到提升。就单单一个市场监控系统的梳理，每年在广告投放上就能节约几千万元，产生几亿元的价值。

福建省亚明食品有限公司 董事长 吴其明

通过学习大营销管控的五星评定，对高中基层管理者有了科学的评定机制，同时为企业所有员工的发展制定了一系列科学的职业晋升发展通道。这套体系对我们立志打造百亿亚明是非常好的一把利器。项目制管理工具也非常好，可以提升核心客户的满意度与销售额。

浙江仙琚制药股份有限公司 总裁 张宇松

陈军老师的授课让我感觉到他真的指挥过千军万马！企业在100人、1000人、10000人时会遇到不同的瓶颈，不同的瓶颈就需要不同的战略，很重要的一点就是管控体系。只有真正建立一套简单实用的管控体系，才能指挥千军万马，获得想要达到的业绩。这次方案辅导班我的感受很深。企业发展后人员多了，没有一套机制去规范，把大家的劲往一处使，是没办法达成目标的。非常感谢陈军老师，让我收获很多。

深圳市倍轻松科技股份有限公司 董事长 马赫廷

陈老师就像一个医生，帮我们企业把脉，把我们的情况了解得清清楚楚，然后对症下药。以前我们做过评定，也有销售手册，但是不会用，只知其一不知其二，知其二不知其三。我们最近几年的发展不够快，总是磕磕绊绊的。我们有市场部、客服部，但定位不太清楚，也不知道怎么运用。陈军老师的这套大营销管控体系非常完善，这次上完课有一种从上到下贯通的感觉。接下来我们将按老师的指导行动，用我们团队的成果来回报老师对我们这些民营企业无私的付出和爱！

宁夏大北农集团 董事长 邢泽光

（经过学习大营销管控）厘清了公司近几年发展速度不快的原因，也真正学习和掌握了改进的工具和方法。陈军老师实战加前沿的营销理念对我们非常适用，案例具体、生动！方案辅导班太超值了！接下来将按照老师的指导，全方位去落实！

维也纳酒店集团 总裁 常开创

陈军老师是我们所有同学值得尊敬和学习的导师。他在顺丰可能更好，但是来到教育平台传授他的实战精髓，我们受益匪浅，回去还将持续学习。让员工强、每个分店强，维也纳才会强！我们董事长跟陈军老师一个小时的谈话，全是干货，我们都学习了。我私下也会向陈军老师多多请教，把他的经验都学来。

飞雕电器集团 董事长 徐益忠

我这次带高管团队 10 人一起参加了学习，感触非常深。陈军老师给到我们的都是非常科学、简单实效的工具与方法。有了这套管理系统，我马上变得轻松了，因为团队打造好了，公司才能快速成长起来。

一流营销战略家必经之路

营销是企业经营的核心，管控营销是每位企业家的职责。

然而很多企业的营销管控做得力不从心，体现在员工管理上，招来的新销售员处于"放羊"状态，老销售员变成"老油条"，员工不断流失，企业变成了人才"漏斗"；体现在客户管理上，那些留不住的销售员带走了大批老客户，企业的业绩越做越小，业务越来越萎缩。

本书介绍的大营销管控体系，是解决员工与客户两大难题的实效管理系统，是企业家成为一流营销战略家的必经之路。

大营销管控体系，已经过数千家企业证实有很高的实效性。这套体系帮助企业拥有"一大目标"，明确营销的战略及目标规划；"两大战略"，打造营销铁军，获得终身客户；"三大体系"，建立企业科学的营销管控体系；"四大工具"，系统、实效地管理企业。

这套体系的践行与落地是长期工程，需要持之以恒地贯彻到底；是系统工程，需要建立完善的市场、销售、客服体系；是全员工程，需要一把手重视，管理层发力，全员参与。

大营销管控体系能够得到不断的精练与完善，要感谢前来听课并提出宝贵意见的学员们，感谢走进辅导课堂、聘请我为营销顾问的企业家们，感谢李践老师及行动教育的家人们，感谢我的助手饶君老师，感谢我的家人对我的支持。

让我们一起行动起来，践行大营销管控体系，让管理变得更科学，让营销变得更简单，助力每个企业都能成为行业细分领域的第一！

★ 企业家不是给员工安排具体岗位的，而是给员工设置晋升阶梯的。

★ 企业最大的成本是使用没有经过科学训练的员工，经过科学训练的员工是公司最宝贵的资源。

★ 销售就是一场战争。

★ 销售团队定目标要坚持三定三看三做一结合原则。

★ 在销售团队的管控过程中，销售通关起到重要作用。

★ 大营销管控包括市场管控、销售管控、客服管控。

★ 爱员工最好的方法就是让他更专业。

★ 销售是攻城的，客服是守城的。

★ 销售是有两条线的，一条是业务线，另一条是职能线。

★ 企业家最关注的两种人永远是员工与客户，企业的经营以实现这两种人的最大价值为基础目标。

★ 未来想要成为行业第一的企业，市场部、销售部、客服部缺一不可。

★ 大营销管控体系由四部分组成：一大目标、两大战略、三大体系，以及四大系统工具。

"大营销管控" 总裁班

一、课程收益

1. 帮助企业科学制定销售目标。
2. 帮助企业科学制定营销战略。
3. 帮助企业科学健全营销管控体系。
4. 帮助企业科学制定营销系统工具：
   （1）科学制定员工分层管理及日常管理；
   （2）科学的销售薪酬、评定、晋升设置；
   （3）科学的通关与销售培训；
   （4）科学的营销策略。

二、课程内容

1. 一大定标：帮助企业解决销售目标不清晰、缺乏5年或10年的目标规划、目标管理不科学、陷入销售"四拍"误区的痛点。
2. 两大战略：帮助企业解决营销战略不明确，错把销售目标、职能定位当作营销战略，同时缺乏清晰的客户战略和员工战略的痛点。
3. 三大体系：帮助企业解决营销体系不健全，重业务、轻职能，重业绩、轻管理，重结果、轻过程，缺乏市场部与客服部的支持，缺乏来自总部职能管控的痛点。
4. 四大系统工具：帮助企业解决系统工具不科学，对员工没有科学的分层管理及日常管理，员工的薪酬、评定、晋升机制不合理，缺乏培训与通关系统的痛点。

三、课程特色

1. 科学性：通过组建市场部、销售部、客服部，形成科学的大营销管控体系，科学设置高、中、基层的激励机制，科学设置员工的评定与晋升通道，科学管理客户，建立企业的科学管理体系。
2. 系统性：大营销管控是一套系统的管控体系，涉及市场部、销售部、客服部等各大部门，覆盖高、中、基层员工，系统性提升企业的管理效能，助力企业持续做大做强、业绩持续增长。
3. 实效性：导师结合自己近20年跨行业顶尖企业高管的实践经历，统领集团销售大军的大营销管控实战经验，以及近20家企业成功落地辅导的实际案例，讲自己所做，做自己所讲，为企业提供实效实用的管控体系与工具方法。

【学习对象】董事长、总裁、副总裁、财务总监、人资总监、市场总监、营销总监、销售总监、客服总监、（总）督导、大区总监、分公司总经理以及企业核心中高管

【教学模式】观点分享+案例分析+疑难解答

【课程时间】3天2晚

"大营销管控" 方案辅导

一、方案辅导收益

1.辅导企业做到科学制定销售目标。

2.辅导企业做到科学制定营销战略。

3.辅导企业科学健全销售管控体系。

4.辅导企业科学制定销售系统工具（包含15 份个性化方案）：

（1）科学制定员工分层管理及日常管理；

（2）科学的销售薪酬、评定、晋升设置；

（3）科学的通关与销售培训；

（4）科学的营销策略。

二、方案辅导内容

1.销售目标方案

2.大营销组织架构方案

3.4×5 管理方案

4.4×5 销管督查方案

5.五星评定（员工）方案

6.五星评定（中层管理者）方案

7.五星评定（高层管理者）方案

8.销售（高中基层）提成方案

9.通关考核方案

10.销售培训方案

11.销售活动方案

12.项目制管理方案

13.大营销策略多客方案

14.大营销策略多买方案

15.大营销策略多来方案

三、方案辅导特色

1.小班制：只针对 5~6 家企业。

2.辅导制：导师 4 天 3 晚全程剖析辅导。

3.个性制：结合每家企业及行业特性，个性化深入辅导。

4.跟进制：课前、课后，导师专项电话跟进辅导、服务。

5.全程制：辅导期间，导师全程亲力亲为，为团队统一思想。

【学习对象】董事长、总裁、副总裁、财务总监、人资总监、市场总监、营销总监、销售总监、客服总监、（总）督导、大区总监、分公司总经理以及企业核心中高管

【教学模式】观点分享+案例分析+现场辅导+疑难解答

【课程时间】4天3晚（70%的时间用于辅导）

好书互联
Good Book Interconnection

我们能为您出版畅销书

整合优质出版资源

荟萃资深出版人才

打通新老出版渠道

我们能为您打造生态圈

链接作者读者

融入课程资源

提升品牌高度

您想拥有自己的畅销书吗？

您想拥有专属品牌大使吗？

好书互联专为您提供个性化高端出版服务

一本畅销书打造一个生态圈

出版咨询：张老师 13917909631

好书互联
Good Book Interconnection

实效图书

实效教材

实效工具